Поклоняться в духе и истине

Духовное поклонение

Д-р Джей Рок Ли

*«Но настанет время и настало уже,
когда истинные поклонники будут поклоняться
Отцу в духе и истине, ибо таких поклонников Отец ищет Себе.
Бог есть дух, и поклоняющиеся Ему должны
поклоняться в духе и истине».*
(Евангелие от Иоанна, 4:23-24)

«Поклоняться в духе и истине» АВТОР Д-Р ДЖЕЙ РОК ЛИ
Издано «Урим Букс» (представитель Кьюнг Тэ Нох)
73, Yeouidaebang-ro 22-gil, Dongjak-gu, Seoul, Korea
www.urimbooks.com

Все права защищены. Книга, частично или полностью, не может быть воспроизведена ни в какой форме, сохранена в поисковой системе или передана каким-либо иным способом (электронным, механическим, фотокопированием и др.) без предварительного письменного разрешения издателя.

Если не оговорено иначе, все ссылки взяты из Библии в Синодальном переводе.
*, Авторские права © 1960, 1962, 1963, 1968, 1971, 1972, 1973, 1975, 1977, 1995 фонда Лакмана. Использовано с разрешения.

Авторские права ©2015 принадлежат д-ру Джей Року Ли.
ISBN: 979-11-263-1265-8 03230
Права перевода ©2012 принадлежат д-ру Эстер Чанг. Использовано с разрешения.

Изображение скинии использовано с разрешения компании «Mission Software Inc»

Впервые опубликована в мае 2015 г.

Ранее книга была опубликована на корейском языке в Сеуле (Корея), издательством «Урим Букс» в 1992 г.

Редактор - д-р Гым Сан Вин.
Дизайн осуществлен редакционным бюро издательства «Урим Букс».
За дополнительной информацией обращайтесь по электронной почте urimbook@hotmail.com

Предисловие

Акации – распространенные в Израиле деревья, которые способны выживать в условиях пустыни. Чтобы деревья выжили, их корни уходят на сотни метров вглубь земли, растут до тех пор, пока не доберутся до подземных вод. На первый взгляд, акации представляют ценность только как топливный материал, однако их древесина намного крепче и плотнее, чем у многих других деревьев.

Бог повелел построить ковчег свидетельства (ковчег завета) из акации, покрыть его внутри и снаружи золотом, и поместить в Святая Святых. Святая Святых – сокровенное место обитания Бога, куда войти разрешалось только первосвященнику. По аналогии с этим, человек, глубоко укорененный в Слове Божьем, которое несет в себе жизнь, будет не только использован Богом как драгоценный инструмент, но и станет наслаждаться обилием благословений.

В Книге пророка Иеремии, 17:8, говорится именно об этом: «Ибо он будет как дерево, посаженное при водах и пускающее корни свои у потока; не знает оно, когда приходит зной; лист его зелен, и во время засухи оно не боится и не перестает приносить плод». Здесь слово «вода» имеет духовный смысл, оно указывает на Божье Слово, поэтому человек, получивший такие благословения, будет ценить богослужения, на которых проповедуется Слово Божье.

Поклонение – это проявление особого уважения и восхищения Богом. Мы, христиане, поклоняемся Богу, восхваляем и превозносим Его, воздавая Ему всю честь и славу. Как и во времена Ветхого Завета, сегодня Бог ищет тех, кто поклоняется Ему в духе и истине.

В Ветхом Завете, в Книге Левит, говорится о поклонении в мельчайших деталях. Некоторые люди утверждают, что в Книге Левит описаны ветхозаветные способы поклонения, поэтому к нам они не имеют никакого отношения. Но более глубокого заблуждения невозможно себе и представить. Потому что ветхозаветные законы поклонения, наполненные многозначительным смыслом, лежат также в основе и современного богослужения. Как во времена Ветхого Завета, так и в новозаветные времена, поклонение – это путь, идя по которому, мы встречаемся с Богом. Только следуя основным законам Ветхого Завета о жертвоприношениях, которые должны быть без порока, мы сможем и в эти новозаветные времена поклоняться Богу в духе и истине.

В этой книге исследуются уроки и значимость различных видов жертвоприношений, отдельно разбираются жертвы всесожжения, хлебное приношение, мирное приношение, а также жертвы за грехи и повинности, так как они имеют отношение и к нам, людям, живущим во времена Нового Завета. Это поможет нам детально изучить, как мы должны служить Богу. Чтобы облегчить читателям понимание законов о приношениях, в этой книге используются цветные изображения общей панорамы скинии, внутреннего убранства Святилища и Святая Святых, а также музыкальных инструментов, которые использовались во время поклонения.

Бог говорит нам: «Итак будьте святы, потому что Я свят» (Книга Левит, 11:45, Первое послание Петра, 1:16). Он желает, чтобы каждый из нас, полностью поняв законы о жертвоприношении, записанные в Книге Левит, вел праведный образ жизни. Я надеюсь, что вы внимательно изучите все аспекты жертвоприношений времен Ветхого Завета, также поклонения во времена Нового Завета. Я также надеюсь, что вы исследуете себя, чтобы понять, как вы поклоняетесь Богу, и будете поклоняться так, как это угодно Ему.

Я молюсь во имя Господа Иисуса Христа, чтобы так же, как Соломон, который угодил Богу, сделав приношение в виде тысяч жертвенных животных, читатели этой книги были использованы Богом в качестве драгоценного инструмента и, подобно дереву, посаженному у воды, наслаждались бы обильными благословениями, поклоняясь Ему в духе и истине и вознося Богу благоухание любви и почитания.

Февраль 2010 г.
Д-р Джей Рок Ли

Оглавление

Поклоняться в духе и истине

Предисловие

Глава 1
Духовное поклонение, которое принимает Бог   1

Глава 2
Ветхозаветные приношения, описанные в Книге Левит   17

Глава 3
Всесожжение   43

Глава 4
Хлебное приношение   67

Глава 5
Жертва мирная   83

Глава 6
Жертва за грех   95

Глава 7
Жертва повинности   111

Глава 8
Представьте тела ваши в жертву живую и святую
123

Глава 1

Духовное поклонение, которое принимает Бог

«Бог есть дух, и поклоняющиеся
Ему должны поклоняться в духе и истине»

Евангелие от Иоанна, 4:24

1. Приношения во времена Ветхого Завета и поклонение во времена Нового Завета

Изначально у Адама, первого человека, сотворенного Богом, было прямое и близкое общение с Ним. Однако, после того как сатана ввел Адама в искушение и он согрешил, близкое общение Адама с Богом прервалось. Но Бог приготовил для Адама и его потомков путь прощения и спасения, путь, который бы восстановил их общение с Богом. Этот путь, милостиво указанный Богом, можно найти в описании способов жертвоприношений в Ветхом Завете.

Приношения времен Ветхого Завета придумали не люди. Они были детально продуманы и даны Самим Богом. Мы знаем об этом из Книги Левит,1:1, где сказано: «И воззвал ГОСПОДЬ к Моисею и сказал ему из скинии собрания, говоря...», и из других мест Писания. Мы также видим это, читая про дары, принесенные Богу, сыновьями Адама, Авелем и Каином (Бытие, 4:2-4).

Приношения Богу, в зависимости от значимости каждого, должны совершаться по определенным правилам. Дары Богу подразделяются на следующие виды: всесожжение, хлебное приношение, мирная жертва, жертва за грех и жертва повинности. И в зависимости от тяжести греха и обстоятельств каждого человека в жертву приносились волы, овцы, козы, голуби или же пшеничная мука. От священников, совершающих жертвоприношения, требовалось умение владеть собой, избегать всякой нечистоты в поведении, носить специальный ефод и совершать жертвоприношение только в полном соответствии с правилами. А правила жертвоприношений были очень сложными и строгими.

Во времена Ветхого Завета, если человек согрешил, он мог искупить свой грех, только убив животное и принеся его в жертву, и через кровь жертвенного животного грех был искуплен. Однако все же эта кровь животных, приносимых в жертву из года в год, не могла полностью освободить людей от их грехов; эти жертвы были временным искуплением, поэтому они не были совершенными. Дело в том, что полностью искупить человека от греха можно только жизнью человека.

В Первом послании к Коринфянам, 15:21, говорится: «Ибо, как смерть через человека, так через человека и воскресение мертвых». Поэтому Иисус, Сын Божий, пришел в этот мир во плоти и, будучи безгрешным, умер на кресте, пролив Свою кровь. Так как Иисус однажды принес Себя в жертву (Послание к Евреям, 9:28), то больше нет необходимости делать жертвоприношения с пролитием крови по строгим и сложным правилам.

В Послании к Евреям, 9:11-12, мы читаем: «Но Христос, Первосвященник будущих благ, придя с большею и совершеннейшею скиниею, нерукотворенною, то есть не такового устроения, и не с кровью козлов и тельцов, но со Своею Кровию, однажды вошел во святилище и приобрел вечное искупление». Иисус совершил вечное искупление.

Благодаря Иисусу Христу мы больше не делаем Богу жертвоприношений с пролитием крови, теперь мы можем приходить к Нему, принося Ему жертву живую и святую. Таково служение поклонения в новозаветные времена. Иисус был распят на кресте, пролил Свою кровь и принес жертву за грех на все времена (Послание к Евреям, 10:11-12). Поэтому, когда мы принимаем Иисуса Христа и верим всем сердцем в то, что искуплены от грехов, то мы можем получить прощение грехов. Это не ритуал, акцентирующий внимание на действиях, а проявление веры, исходящей из самого сердца. Это живая, святая жертва и духовное поклонение (Послание к Римлянам, 12:1).

Это не означает, что жертвоприношения Ветхого Завета были отменены. Если Ветхий Завет – это тень, то Новый Завет – сам образ. Как Закон в целом, так и законы о жертвоприношениях, данные в Ветхом Завете, были усовершенствованы Иисусом. Во времена Нового Завета была изменена лишь форма служения поклонения. Как в ветхозаветные времена Бог ценил приношения, в которых не было ни пятна, ни порока, так и в новозаветные времена Он ценит, когда мы поклоняемся Ему в духе и истине. Строгие нормы и порядок действий не только определяют саму форму проведения богослужения. В них также заложен глубокий духовный смысл. Они служат индикатором, с помощью которого мы можем исследовать наше отношение к поклонению.

Сначала, приняв на себя ответственность за вину перед ближним, братом или Богом и компенсировав ее (жертва повинности), верующий должен пересмотреть свою жизнь на прошедшей неделе, покаяться в своих грехах и попросить прощения (жертва за грех), а затем начать поклоняться Богу с абсолютно чистым и искренним сердцем (жертва всесожжения). Когда мы угождаем Богу, делая приношения с благодарностью за благодать Бога, защищавшего нас на протяжении всей прошедшей недели (хлебное приношение), и говорим Ему о желаниях своего сердца (жертва мирная), то Он исполняет желания нашего сердца и дает нам силу и власть, чтобы преодолеть мирские искушения. По сути многие важные законы о приношениях из Ветхого Завета применяются и в служении поклонения времен Нового Завета. Законы о жертвоприношении времен Ветхого Завета более подробно будут рассмотрены в 3-й и последующей главах этой книги.

2. Поклонение в духе и истине

В Евангелии от Иоанна, 4:23-24, Иисус говорит нам: «Но настанет время и настало уже, когда истинные поклонники будут поклоняться Отцу в духе и истине, ибо таких поклонников Отец ищет Себе. Бог есть дух, и поклоняющиеся Ему должны поклоняться в духе и истине». Это лишь часть того, что Иисус сказал женщине, которую он встретил у колодца в городе Самарийском, называемом Сихарь. Женщина спросила у Иисуса, Который обратился к ней с просьбой дать Ему воды, где именно люди должны поклоняться Богу. К этой теме давно проявлялся всеобщий интерес (4:19-20).

Иудеи делали жертвоприношения в Иерусалиме, где был храм, а самаритяне приносили жертвы на горе Гризим. Дело в том, что во времена Ровоама, сына Соломона, еврейский народ разделился на два царства, Израиль и Иудею. Израиль на севере построил капище, чтобы отвратить людей от Иерусалимского храма. Зная об этом женщина хотела понять, где же все-таки нужно было поклоняться Богу.

Для израильского народа место поклонения имело важное значение. Так как храм – это место, где присутствует Бог, они особо отделяли его, веря, что оно является центром вселенной. Но гораздо важнее самого места поклонения то, с каким сердцем человек поклоняется Богу, поэтому, когда Иисус явил Себя как

Мессию, Он показал, что отношение к поклонению тоже нуждается в обновлении.

Что значит «поклоняться в духе и истине»? «Поклоняться в духе» - это значит под водительством Святого Духа и в полноте Духа сделать Слово Божье, записанное в 66 книгах Библии, хлебом своей жизни и вместе со Святым Духом, Который живет в нас, всем сердцем прославлять Бога. «Поклоняться в истине» означает познавать Бога и наряду с этим поклоняться Ему всем существом своим, и телом, и сердцем, а также с искренней радостью и благодарностью прославлять Его молитвой, песнопениями и приношениями.

Примет ли Бог наше поклонение или нет, зависит не от нашего внешнего вида и не от размера наших пожертвований, а от отношения к Нему с учетом наших обстоятельств. Бог с радостью принимает поклонение и исполняет желания сердца человека, который искренне поклоняется Ему и делает добровольные пожертвования. Но Он не принимает поклонение людей непокорных и безрассудных, озабоченных только тем, что о них думают другие.

3. Поклонение, которое принимает Бог

Люди, живущие в новозаветные времена, когда весь Закон уже исполнен Иисусом, должны поклоняться Богу с еще большим совершенством. Ведь любовь – наиважнейшая заповедь, данная нам Иисусом Христом, Который исполнил Закон в любви. Поклонение – это выражение нашей любви к Богу. Некоторые люди исповедуют любовь к Богу своими устами, но, когда они поклоняются Ему, возникают сомнения, действительно ли они любят Бога всем сердцем.

Если бы нам предстояла встреча с тем, кто выше нас по служебному положению или старше по возрасту, то мы бы обязательно привели в порядок свой внешний вид, во время встречи следили бы за своим поведением и эмоциями. А если нужно прийти не с пустыми руками, то, тщательно продумав, мы бы выбрали самый лучший подарок. Бог – Творец всей вселенной и всего, что в ней, Он достоин того, чтобы Его творения воздавали Ему славу и хвалу. Если мы хотим поклоняться Богу в духе и истине, то мы не можем проявлять непокорство пред Ним. Нам следует обратить свой взор в прошлое, чтобы вспомнить, не были ли мы дерзкими, убедиться в том, что мы участвуем в богослужениях всем существом своим, и телом, и сердцем, сосредотачиваем на нем все свое внимание.

1) Мы не можем опаздывать на служения

Поклонение – это признание духовной власти невидимого Бога, но признать Его власть всем сердцем возможно, только соблюдая правила и заповеди, которые Он установил. Поэтому опоздание на служение по какой бы то ни было причине недопустимо.

Поскольку время служения – это то время, которое мы поклялись посвятить Богу, то до начала служения мы должны помолиться, чтобы подготовиться к нему всем сердцем. Если бы нам предстояла встреча с королем, президентом или премьер-министром, то мы бы, несомненно, прибыли бы на место встречи заранее и ждали бы ее, будучи уже подготовленными в сердце. Так как же мы можем опаздывать, суетиться на встрече с Богом, Который намного величественнее и могущественнее земных властей?

2) Мы должны уделять пристальное внимание проповеди

Пастырь (пастор) – это служитель, помазанный Богом; его положение соответствует положению священников во времена Ветхого Завета. Пастырь поставлен для того, чтобы провозглашать Слово со священного алтаря, пасти своих овец и привести их на небеса. Поэтому непочтение к пастырю и непослушание ему для Бога все равно что непочтение к Нему Самому и непослушание Ему.

Из Книги Исход, 16:8, мы узнаем, что израильский народ поднял ропот на Моисея и выступил против него, но фактически это был ропот против Самого Бога. В Первой книге Царств, 8:4-9, говорится, что, когда люди перестали быть послушными пророку Самуилу, Бог сказал, что они отвергают не Самуила, а Его Самого. Так что, если вы разговариваете с человеком, который сидит рядом с вами, или же вас занимают праздные мысли в то время, когда пастырь проповедует от имени Бога, то это проявление непочтения к Богу.

Клевать носом или спать во время богослужений – это тоже пример недопустимого поведения. Можете ли вы представить себе секретаря или министра, которые заснули бы на встрече, проводимой президентом? Разве это не было бы оскорбительно для него? Засыпать в святилище, которое является телом нашего Господа, точно также неприлично по отношению к Богу, пастырю, братьям и сестрам по вере.

И еще недопустимо поклоняться Богу в подавленном настроении. Бог не примет поклонение, которое возносится скорбно, без радости и благодарности. Поэтому мы должны участвовать в служении прославления, ожидая услышать послание, дающее надежду на небеса, благодаря за благодать спасения и любовь. Невежливо говорить что-то человеку, похлопывать ему по плечу, когда он молится Богу. Если прерывать беседу между вашим сверстником и тем, кто старше вас, – это неприлично, то насколько же неприлично прерывать общение человека с Богом.

3) Не следует употреблять алкоголь и табачные изделия перед посещением богослужения
Бог не сочтет грехом, если новообращенный человек не сможет бросить пить и курить сразу же, так как вера его еще мала. Но, если человек, принявший крещение и занимающий определенное положение в церкви, пьет и курит, то это тоже проявление непочтения к Богу.

Даже неверующие сочтут неприемлемым заходить в церковь сразу же после выкуренной сигареты или появляться в храме в нетрезвом состоянии. Если человек только задумается над тем, сколько проблем и грехов порождает пристрастие к алкоголю и курению, то, познав истину, он сможет вести себя как дитя Божье.

Курение способствует возникновению разных видов онкологических болезней, опасных для организма, а алкоголь вызывает опьянение, которое может привести к тому, что человек начнет сквернословить и вести себя непристойно. Как же верующий, который курит или пьет, может называться дитем Божьим, если его поведение скорее дискредитирует Бога?! Поэтому, имея истинную веру, вы должны как можно быстрее отречься от прежнего образа жизни. Даже если вы недавно уверовали, старайтесь не идти по жизни тем же путем, по которому вы шли прежде, чтобы выглядеть достойно пред Богом.

4) Мы не должны нарушать или омрачать атмосферу богослужения

Святилище – это священное место, предназначенное для поклонения, молитвы и прославления Бога. Если родители допускают, чтобы их дети плакали, шумели или бегали по церкви, то этим они не дают другим членам церкви поклоняться Богу всем сердцем. И это еще один пример непочтительного отношения к Богу.

Неприлично также выражать недовольство, злиться, говорить о бизнесе или развлечениях, находясь в святилище. Жевать жвачку, громко разговаривать с сидящими рядом людьми, вставать и ходить по святилищу во время богослужения – это тоже проявление неуважения. Сидеть в шляпе, носить майки и свитера, приходить на служение в шлепанцах или тапочках – это примеры отсутствия подобающих манер. Внешний вид человека не так важен, но он, часто, показывает, каков его внутренний настрой и какое у него сердце. Если человек тщательно готовился к служению, то это скажется и на его внешнем виде.

Имея правильные представления о Боге и зная, что Он желает, мы сможем предложить Ему духовное поклонение, к которому благоволит Бог. Когда мы поклоняемся Богу только так, как это угодно Ему, то есть в духе и истине, Он дает нам силу познания, чтобы мы, храня его в сердце, приносили обильные плоды и наслаждались удивительными милостями и благословениями, которые Он изливает на нас.

4. Жизнь, отмеченная поклонением в духе и истине

Когда мы поклоняемся Богу в духе и истине, наша жизнь обновляется. Бог желает, чтобы жизнь всех людей была отмечена поклонением в духе и истине. Как же мы должны поступать, чтобы наше поклонение Богу было духовным и Он с радостью принял его?

1) Мы должны всегда радоваться

Для истинной радости не нужны причины, и она не исчезает даже в самых неприятных и трудных ситуациях. Иисус Христос, Которого мы приняли как своего Спасителя, дает нам основание всегда радоваться тому, что Он взял на Себя все наши проклятия.

Нас, стоящих на пути погибели, Он искупил от греха, пролив Свою кровь. Он взял на Себя нашу нищету и болезни, развязал узы бремени, чтобы освободить нас от боли, несчастий и смерти. Кроме того, Он, разрушив власть смерти, воскрес, и позволил нам обрести истинную жизнь и прекрасные Небеса.

Если Иисус Христос вселился в нас верою и стал нашим источником радости, то как же нам не радоваться? Ведь у нас есть прекрасная надежда на жизнь после смерти и на то, что нам будет дано вечное счастье. И пусть даже нет еды, обременяют проблемы в семье, обрушиваются страдания и гонения. Наша радость не зависит от действительности. До тех пор, пока сердце наполнено любовью к Богу и несокрушимо, пока надежда на небеса не колеблется, радость остается неизменной. Поэтому, когда сердца наполнены Божьей благодатью и надеждой на небеса, радость не иссякает, и тогда трудности быстрее сменяются благословениями.

2) Мы должны неустанно молиться

У понятия «неустанно молиться» есть три аспекта. Во-первых, молитва должна войти в привычку. Даже Иисус во время Своего служения искал тихие места, где Он мог бы помолиться «по обыкновению». Даниил постоянно молился по три раза в день. Петр и другие ученики тоже выделяли время для молитвы. Чтобы восполнилось количество молитв и появилась уверенность в том, что масло Святого Духа никогда не истощится, молитва должна войти у нас в привычку. Только тогда на богослужениях мы будем понимать Слово Божье и получим силу жить по Слову.

Во-вторых, «неустанно молиться» значит молиться сверх того времени, которое предусмотрено расписанием или стало привычным. Бывает, что Святой Дух побуждает нас молиться не в то время, когда мы обычно молимся. Мы часто слышим свидетельства людей, которые избежали трудностей или были защищены и избавлены от несчастных случаев благодаря тому, что в такие минуты они проявляли послушание в молитве.

И, наконец, «неустанно молиться» значит размышлять над Божьим Словом день и ночь. Чем бы человек ни был занят, истина в его сердце должна быть живой и совершать свою работу.

Для нашего духа молитва подобна дыханию. Как плоть погибает, если перестает дышать, так и отказ от молитвы может привести к ослаблению и даже к угасанию духа. Можно сказать, что человек неустанно молится, если он не только взывает в молитве в определенное время, но и размышляет над Словом Божьим день и ночь и живет согласно Слову. Если Слово Божье обитает в его сердце и он живет под водительством Святого Духа, то, имея глубокое общение со Святым Духом, он преуспеет в жизни.

Библия говорит нам: «Ищите же прежде Царства Божьего и правды Его», поэтому, если мы вместо того, чтобы молиться за себя, молимся за Божье Царство, Его провидение и спасение душ, то Бог благословляет нас еще более обильно. А между тем, есть люди, которые молятся только тогда, когда у них появляются трудности или им чего-либо недостает, а когда все спокойно, им уже не до молитвы. Бывает, что человек усердно молится, исполняясь Святым Духом, а потом наступает перерыв в молитвах, и тогда он теряет полноту духа.

И тем не менее, мы должны собраться с духом и вознести Богу благоухание молитвы, которое приятно Ему. Вы можете себе представить, как это мучительно и трудно во время молитвы выдавливать из себя слова против собственной воли, просто для того, чтобы заполнить время, бороться с сонливостью и праздными мыслями. Итак, если верующий полагает, что он достиг определенного уровня веры, но у него все еще есть подобные трудности, разговор с Богом обременителен для него, то может ли он без смущения утверждать, что любит Бога? «Моя молитва духовно иссякла и стала вялой», - если у вас появляются подобные мысли, то вам следует испытать себя, радуетесь ли вы и благодарите ли вы Бога.

Если сердце человека всегда наполнено радостью и благодарность, то он будет молиться в полноте Святого Духа, а молитва его не будет инертной и обретет большую глубину. И тогда у человека не будет чувства, что он не может молиться. И чем труднее ему достичь желаемого, тем больше он будет жаждать Божьей благодати, что побудит его еще громче взывать к Богу, и вера его будет расти день ото дня.

Неустанно взывая к Богу в молитве от всего сердца, мы принесем обильный плод молитвы. И несмотря на все испытания, которые могут встать на нашем пути, мы будем отводить время для молитвы. Чем больше мы молимся, тем большую духовную глубину обретают вера и любовь в нас, благодаря чему мы можем делиться полученной благодатью с другими. Поэтому так важно для нас неустанно молиться с радостью и благодарностью. Это поможет нам получить ответы от Бога в виде прекрасных духовных плодов и материальных благословений.

3) Мы должны за все благодарить

За что мы должны быть благодарны? Прежде всего за то, что мы, обреченные на смерть, спасены и можем взойти на небеса. За то, что нам дано все, включая хлеб насущный, хорошее здоровье. И все это уже является достаточным основанием для благодарности. Кроме того, мы можем быть благодарны вопреки любым страданиям и испытаниям, потому что верим во всемогущего Бога.

Наши обстоятельства и проблемы известны Богу в мельчайших деталях, и Он слышит наши молитвы. Если мы станем полностью доверять Богу во время испытаний, то Он проведет нас через эти испытания и обратит все ко благу.

Если мы по-настоящему доверяем Богу, то, страдая ради

имени нашего Господа или проходя через испытания по собственной вине, из-за своих же ошибок, мы понимаем, что единственное, что мы можем сделать в такой ситуации, это – за все благодарить. Когда мы слабеем или в чем-то нуждаемся, мы благодарим Бога за силу, которая укрепляет слабых. Мы можем благодарить Бога, имея веру в Него, даже тогда, когда нам невыносимо трудно справляться с реальностью. Если мы благодарим Бога с верой, то все будет содействовать нам ко благу и принесет благословения.

Радоваться всегда, непрестанно молиться и за все благодарить – это и есть критерии, по которым можно судить, какие духовные плоды вы приносите в своей жизни. Чем больше человек старается радоваться, сеять семена радости и всем сердцем находить причины быть благодарным, несмотря на ситуацию, тем больше он принесет плодов радости и благодарности. То же самое относится и к молитве. Чем более мы усердны в молитве, тем больше плодов мы пожнем, обретя силу и получив ответы на молитву.

Таким образом, я надеюсь, что вы пожнете обильные духовные и материальные плоды, каждый день угождая Богу своим духовным поклонением, а также тем, что вы живете, всегда радуясь, неустанно молясь и за все Его благодаря (Первое послание Фессалоникийцам, 5:16-18).

Глава 2

Ветхозаветные жертвоприношения, описанные в Книге Левит

«И воззвал ГОСПОДЬ к Моисею и сказал ему из скинии собрания, говоря: объяви сынам Израилевым и скажи им: когда кто из вас хочет принести жертву ГОСПОДУ, то, если из скота, приносите жертву вашу из скота крупного и мелкого»

———— ≈ ————

Книга Левит, 1:1-2

1. Важность Книги Левит

Часто говорят, что самыми трудными для понимания библейскими книгами являются: в Новом Завете – Книга Откровение, а в Ветхом Завете – Левит. По этой причине, читая Библию, некоторые пропускают их. А кто-то не изучает ветхозаветные законы о жертвоприношении, полагая, что сегодня они уже утратили актуальность. Однако, если бы они не имели к нам отношения, то Бог не поместил бы их в Библию. Каждое слово Нового Завета, так же, как и Ветхого Завета, важны для нашей жизни во Христе, поэтому Бог дозволил, чтобы они вошли в Библию (Евангелие от Матфея, 5:17-19).

Законы о жертвоприношениях не были исключены из Нового Завета. В новозаветное время Иисус исполнил весь Закон, и в том числе закон о жертвоприношении. Смысл законов Ветхого Завета, регулирующих порядок жертвоприношений, нашел свое отражение и в том, как проводятся богослужения в современных церквах, а сами жертвоприношения – эквивалентны служению хвалы и поклонения. Как только мы поймем суть законов о жертвоприношениях Ветхого Завета и то, как правильно поклоняться Богу и служить Ему, мы сможем выбрать кратчайший путь к благословениям, на котором мы встретимся с Богом и ощутим Его присутствие.

Книга Левит – это часть Божьего Слова, и она обращена ко всем, кто верит в Бога. Поскольку в Первом послании Петра, 2:5, написано: «И сами, как живые камни, устрояйте из себя дом духовный, священство святое, чтобы приносить духовные жертвы, благоприятные Богу Иисусом Христом», то каждый, кто принял спасение через Иисуса Христа, может прийти к Богу так же, как это делали священники времен Ветхого Завета.

Книга Левит в целом делится на две части. В первой части основной акцент сделан на том, как прощаются наши грехи. Она в основном состоит из правил жертвоприношений для прощения грехов. А также там описываются качества и ответственность священников, которые выступают посредниками между людьми и Богом в процессе жертвоприношения. Во второй части подробно говорится о том, какие грехи избранный Богом народ, Его святые люди, не должны совершать никогда. Одним словом, каждый верующий должен познать Божью волю через Книгу Левит, в которой делается акцент на том, как сохранить священные для нас отношения с Богом.

В законах о жертвоприношениях объясняются принципы того, как мы должны поклоняться Богу. Подобно тому, как мы входим в Божье присутствие, получаем от Бога ответы и благословения, участвуя в служении поклонения, так же люди времен Ветхого Завета через жертвоприношения испытывали Божьи деяния и получали прощение грехов. Однако после Иисуса Христа в нас стал обитать Святой Дух, и теперь у нас есть возможность общаться с Богом, когда мы поклоняемся Ему в духе и истине, пребывая в атмосфере деяний Святого Духа.

В Послании к Евреям, 10:1, говорится: «Закон, имея тень будущих благ, а не самый образ вещей, одними и теми же жертвами, каждый год постоянно приносимыми, никогда не может сделать совершенными приходящих с ними». Если есть тень, значит есть и то, что отбрасывает эту тень. Сегодняшнее поклонение Богу через Иисуса Христа – это основная форма поддержания отношений с Богом, а во времена Ветхого Завета людям приходилось поклоняться Богу через жертвоприношения, которые образно называются тенью.

Приношения Богу должны делаться согласно правилам, угодным Ему. Бог не принимает те приношения, которые приносятся Ему по выбору самого человека. В 4-й главе Книги Бытия мы читаем о том, что Бог принял приношение Авеля, сделанное по воле Божьей, но не принял жертву Каина, которую он выбрал по собственному усмотрению.

Это еще одно доказательство того, что поклонение может быть угодно Богу, а может быть сделано против Его правил и, соответственно, быть неприемлемым для Бога. Законы жертвоприношений из Книги Левит – это практическая информация о том, как нам следует поклоняться Богу, чтобы угодить Ему и получить благословения и ответы на молитвы.

2. Бог воззвал к Моисею из скинии собрания

В Книге Левит, 1:1, написано: «И воззвал ГОСПОДЬ к Моисею и сказал ему из скинии собрания, говоря...». Скиния собрания – это переносной храм, приспособленный к быстрым перемещениям Израильского народа по пустыне. Вот из такой скинии собрания Бог воззвал к Моисею. Скиния собрания – это шатер, поделенный на Святилище и Святая Святых (Исход, 30:18, 30:20, 39:32 и 40: 2). Под скинией также подразумевается все ее принадлежности (Числа, 4:31, 8:24).

Во время Исхода, направляясь в землю Ханаанскую, Израильский народ провел много времени в пустыне, постоянно перемещаясь с места на место. Поэтому храм, в котором совершались жертвоприношения Богу, был не стационарным строением, а шатром, который легко можно было бы переносить. Поэтому скинию собрания еще называют «походным храмом».

В Книге Исход, в главах 35-39, описаны детали строительства скинии. Бог Сам подробно рассказал Моисею о том, как должна быть устроена скиния, какие материалы следует использовать для ее строительства. Когда Моисей оповестил народ о том, какие материалы необходимы для строительства скинии, они с радостью стали приносить золото, серебро, бронзу, различные камни, ткани голубого, пурпурового и червленого цветов, виссон, козью шерсть, бараньи кожи красные и кожи синие. Так как материалов было больше чем нужно, Моисей сказал, чтобы люди больше ничего не несли (Книга Исход, 36:5-7).

Таким образом, скиния была построена благодаря добровольным приношениям народа. Для Израильтян, бежавших из Египта и направлявшихся в Ханаан, затраты на строительство скинии были довольно ощутимыми. У них не было ни земли, ни дома. У них не было возможности получать доходы, занимаясь земледелием. Однако ожидая, что исполнится обещанное Богом, Который сказал, что Он будет обитать среди них, как только они построят Ему святилище, Израильский народ с радостью и с удовольствием трудился и нес все затраты.

Для Израильского народа, долгое время страдавшего от жестокого обращения и тяжелого труда, свобода от рабства – то, что они больше всего жаждали. Выведя их из Египта, Бог повелел им построить скинию, чтобы обитать среди них. У Израильтян не было причин тянуть с этим, поэтому они с радостью посвятили себя строительству скинии.

Сразу же при входе в скинию ты оказываешься в Святилище, а пройдя дальше через Святилище, можно войти во Святая Святых. Это особо отделенное помещение. В Святая Святых хранился только Ковчег Свидетельства (Ковчег Завета). Тот факт, что Ковчег Свидетельства, в котором хранилось Божье Слово, находился в Святая Святых, служило напоминанием о Божьем присутствии. В то время как весь храм, дом Божий, сам по себе является святым местом, Святая Святых – особо отделенное помещение, которое считалось самой священной частью скинии. Даже первосвященнику разрешалось войти в Святая Святых только один раз в год, чтобы приносить жертвы за народ. Обычным людям входить туда было запрещено. Грешники не смогут предстать пред Богом никогда.

И тем не менее, благодаря Иисусу Христу, мы все получили эту привилегию предстать пред Богом. В Евангелии от Матфея, 27:50-51, мы читаем: «Иисус же, опять возопив громким голосом, испустил дух. И вот, завеса в храме разодралась надвое, сверху донизу...». После того, как Иисус пожертвовал Собой, приняв распятие на кресте, чтобы искупить нас от греха, завеса, стоявшая между нами и Святая Святых, разорвалась пополам.

В Послании к Евреям, 10:19-20, также сказано: «Итак,

братия, имея дерзновение входить во святилище посредством Крови Иисуса Христа, путем новым и живым, который Он вновь открыл нам через завесу, то есть плоть Свою». Завеса, разорвавшаяся после того, как Иисус, принеся Себя в жертву, испустил дух, означает, что между Богом и нами пала разделявшая нас стена греха. И вот теперь каждый, кто верует в Иисуса Христа, получает прощение грехов и может войти туда, где он предстанет пред Святым Богом. В прошлом только первосвященники могли предстать пред Богом, теперь же каждый из нас может иметь прямое и близкое общение с Ним.

3. Духовная значимость скинии собрания

Какой смысл несет в себе скиния собрания для сегодняшних людей? Скиния собрания – это церковь, где верующие проводят богослужения, Святилище – это тела верующих, принявших Господа, а Святая Святых – это наши сердца, в которых обитает Святой Дух. В Первом послании к Коринфянам, 6:19, мы находим следующее напоминание нам: «Не знаете ли, что тела ваши суть храм живущего в вас Святого Духа, Которого имеете вы от Бога, и вы не свои?» После того, как мы приняли Иисуса своим Спасителем, мы получаем в дар от Бога Святого Духа. И поскольку Святой Дух обитает в нас, наши сердца и тела – это священный храм.

А в Первом послании к Коринфянам, 3:16-17, написано: «Разве не знаете, что вы храм Божий, и Дух Божий живет в вас? Если кто разорит храм Божий, того покарает Бог: ибо храм Божий свят; а этот храм – вы». Мы всегда должны поддерживать чистоту и святость зримого храма, но мы также должны постоянно заботиться о чистоте и святости своего тела и сердца – обители Святого Духа.

Мы читали о том, что Бог покарает каждого, кто разорит храм Божий. Если человек, став дитем Божьим и приняв Святого Духа, продолжает разрушать себя, Святой Дух в нем угасает, и нет спасения для такого человека. Если своими поступками и своим сердцем мы блюдем чистоту храма, который является обителью Святого Духа, то у нас есть возможность обрести полное спасение и иметь непосредственное и близкое общение с Богом.

И тот факт, что Бог призвал Моисея из скинии собрания, символично говорит о том, что внутри нас мы чувствуем зов Святого Духа, Который ищет общения с нами. Общаться с Богом Отцом – естественное желание Божьих детей, получивших спасение. Они должны, тесно общаясь с Богом, молиться под водительством Святого Духа и поклоняться Богу в духе и истине.

Люди времен Ветхого Завета не могли иметь непосредственного общения со Святым Богом из-за греха. Только первосвященник мог входить в Святая Святых и делать жертвоприношения от имени людей. Сегодня каждое дитя Божье может прийти во Святилище на богослужение, молиться и иметь общение с Богом. А все благодаря тому, что Иисус Христос искупил нас от всех грехов.

Когда мы принимаем Иисуса Христа, Святой Дух пребывает в нашем сердце, и оно для Него все равно что Святая Святых.

Более того, так же как Бог взывал к Моисею из скинии собрания, так же и Святой Дух взывает к нам из глубин своего сердца и веры, желая общения с нами. Святой Дух, дозволяя нам слышать Его голос и иметь Его водительство, побуждает нас жить в истине и понимать Бога. Для того, чтобы слышать голос Святого Духа, мы должны очистить свое сердце от греха и зла и стать освященными. Как только мы достигнем освящения, мы будем ясно слышать голос Святого Духа и получим обильные благословения и в духе, и в теле.

4. Устройство скинии собрания

Размеры скинии собрания, которая состояла из Святилища и Святая Святых, составляют четыре с половиной метра (около 14,7 фута) в ширину, 13,5 метра (около 44,3 фута) в длину и четыре с половиной метра (около 14,7 футов) в высоту. Это строение имело серебряное подножие и поддерживалось брусьями, сделанными из дерева акации и обложенными золотом. Скиния состояла из четырех покровов. Херувимы украшали первый покров, второй был соткан из козьей шерсти, третий покров состоял из овечьей шкуры, а четвертый – из шкуры животного, именуемого тахаш (пер.: представитель библейской фауны).

Святилище и Святая Святых разделяла завеса с искусно вышитыми на ней херувимами. Размер Святилища был в два раза больше Святая Святых. В Святилище был установлен стол для хлебов предложения (также известные как хлебы лица или присутствия Божьего), светильник и алтарь для благовоний. Все это было сделано из чистого золота. А внутри Святая Святых

Структура Скинии Собрания

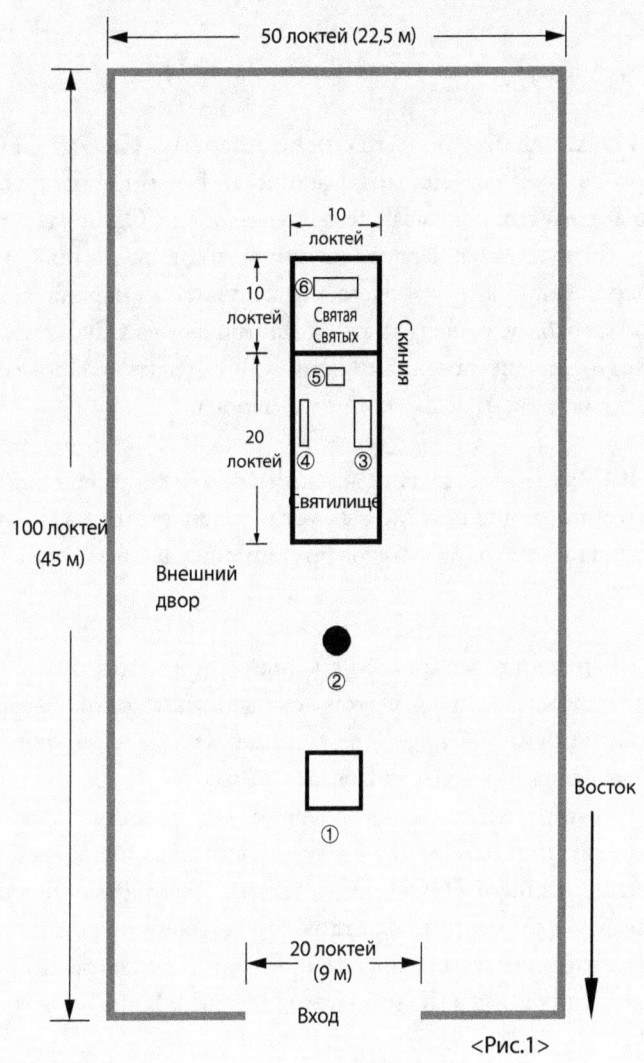

<Рис.1>

Размеры
Внешний двор: 100 x 50 x 5 локтей
Вход: 20 x 5 локтей
Скиния: 30 x 10 x 10 локтей
Святилище: 20 x 10 x 10 локтей
Святая Святых: 10 x 10 x 10 локтей
(*1 локоть = приблизительно 17,7 дюйма)

Принадлежности
1) Алтарь всесожжения
2) Умывальник
3) Стол для хлебов предложения
4) Светильник из чистого золота
5) Жертвенник курения
6) Ковчег откровения (Ковчег Завета)

стоял Ковчег Свидетельства (Ковчег Завета).

Итак, давайте подытожим. Во-первых, Святая Святых было священным местом, где обитал Бог и где был Ковчег Свидетельства, покрывавшего его милостью. Один раз в год, в День Искупления, первосвященник входил в Святая Святых и окроплял крышку ковчега для искупления народа. Святая Святых была украшена золотом. Внутри Ковчега Свидетельства находились две каменные Скрижали с Десятью Заповедями, сосуд с манной и расцветший жезл Аарона.

В Святилище, куда священник входил для совершения жертвоприношения, где был установлен алтарь кадильный, светильник и стол для хлебов предложения, все было сделано из золота.

В-третьих, умывальник был сделан из бронзы. В умывальнике была вода, чтобы священники могли совершить омовение рук и ног, прежде чем они войдут в Святилище, или же первосвященник войдет в Святая Святых.

В-четвертых, алтарь для всесожжений, сделанный из бронзы, был огнеупорным. Когда Скиния была построена, на алтарь «вышел огонь от ГОСПОДА» (Книга Левит, 9:24). Бог также повелел, чтобы огонь с алтаря горел и не угасал никогда, а также чтобы каждый день они приносили на жертвенник двух однолетних агнцев (Книга Исход, 29:38-43; Книга Левит, 6:12-13).

Рис

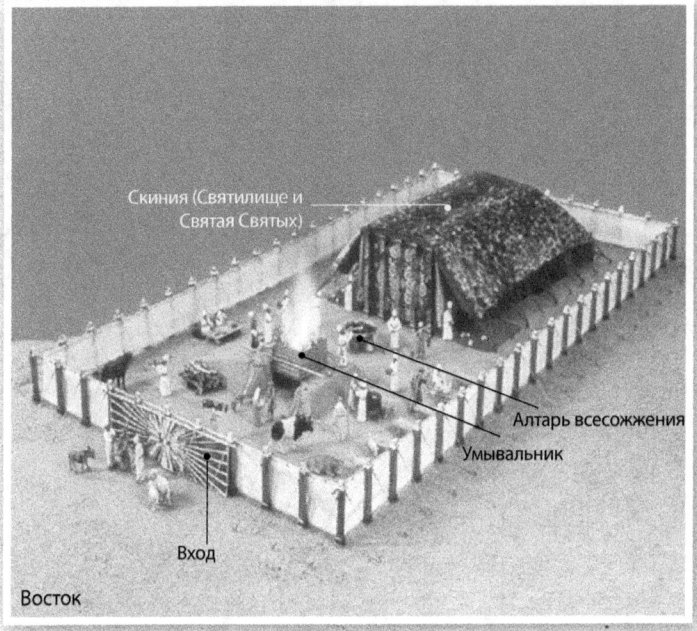

Скиния (Святилище и Святая Святых)

Алтарь всесожжения

Умывальник

Вход

Восток

<Рис.2>

Общий вид Скинии Собраний

На внешнем дворе был установлен жертвенник всесожжения (Исход, 30:28), умывальник (Исход, 30:18), Скиния (Исход, 26:1, 36:8), покрытая крученым виссоном. У Скинии был только один вход, с восточной стороны (Исход, 27:13-16), и он символизирует Иисуса Христа, единственную дверь, ведущую к спасению.

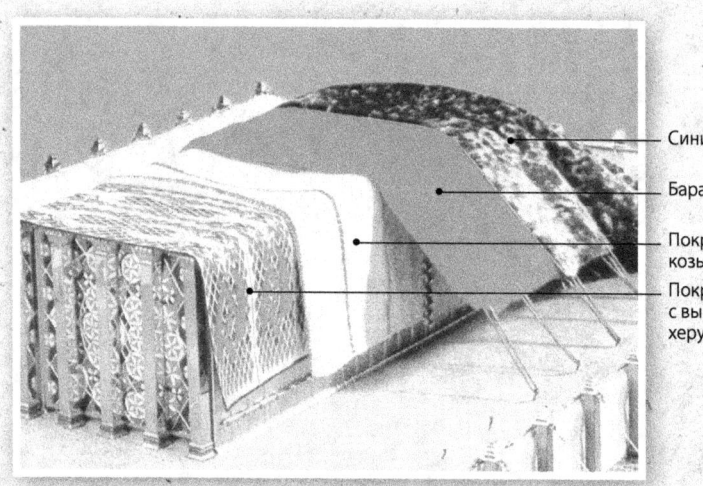

Синие кожи
Бараньи кожи
Покрывало из козьей шерсти
Покрывала с вышитыми херувимами

<Рис.3>

Покрывала для Скинии

Покрывало Скинии состояло из четырех слоев. Внизу – покрывало с искусно вышитыми на нем херувимами, поверх него – покрывала из козьей шерсти, из бараньей кожи и на самом верху – из синей кожи. На рисунке 3 можно рассмотреть каждое покрывало в отдельности. Если поднять покрывала, то видны завеса у входа во Святилище, а позади – жертвенник курения и завеса перед Святая Святых.

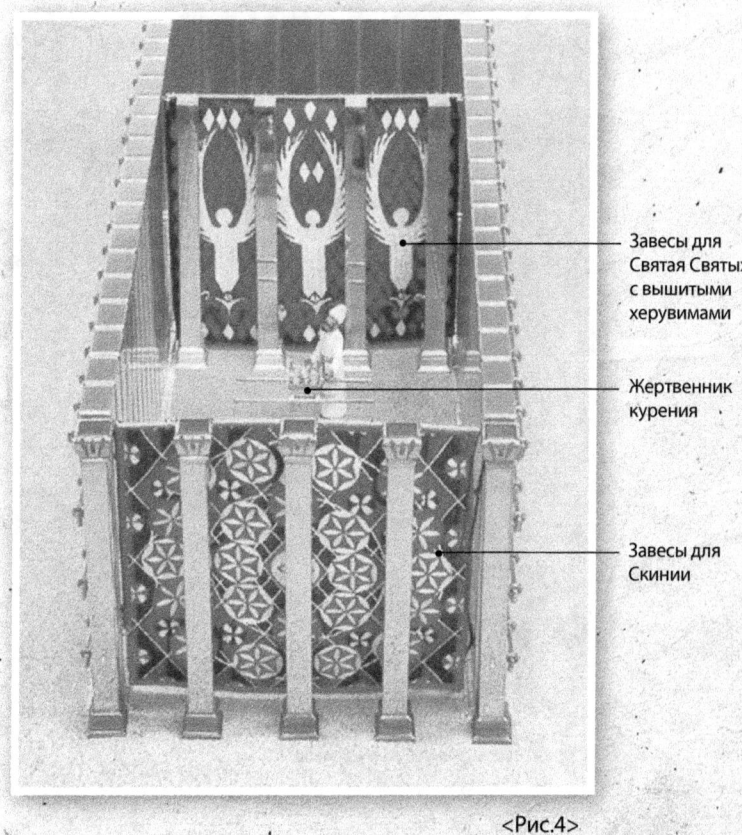

<Рис.4>

Вид Святилища с открытыми покрывалами

В передней части Святилища – завеса, а за ней виден жертвенник курения и завеса, отделяющая Святая Святых.

Рис

Жертвенник курения

Светильник

Стол для хлебов предложений

<Рис.5>

Внутреннее убранство Скинии

В центре Святилища – светильник из чистого золота (Исход, 25:31), стол для хлебов предложений (Исход, 25: 30), а позади него – жертвенник курения (Исход, 30:27).

Жертвенник курения

Стол для хлебов предложений.

Светильник

Рис

<Рис. 9>

Внутри Святая Святых

Задняя стенка Святилища была удалена, чтобы можно было увидеть внутреннее устройство Святая Святых. Внутри видны Ковчег Откровения, золотая крышка и завесы для Святая Святых на заднем плане. Раз в год первосвященник, одетый в белое, входил в Святая Святых и кропил кровью жертвы за грех.

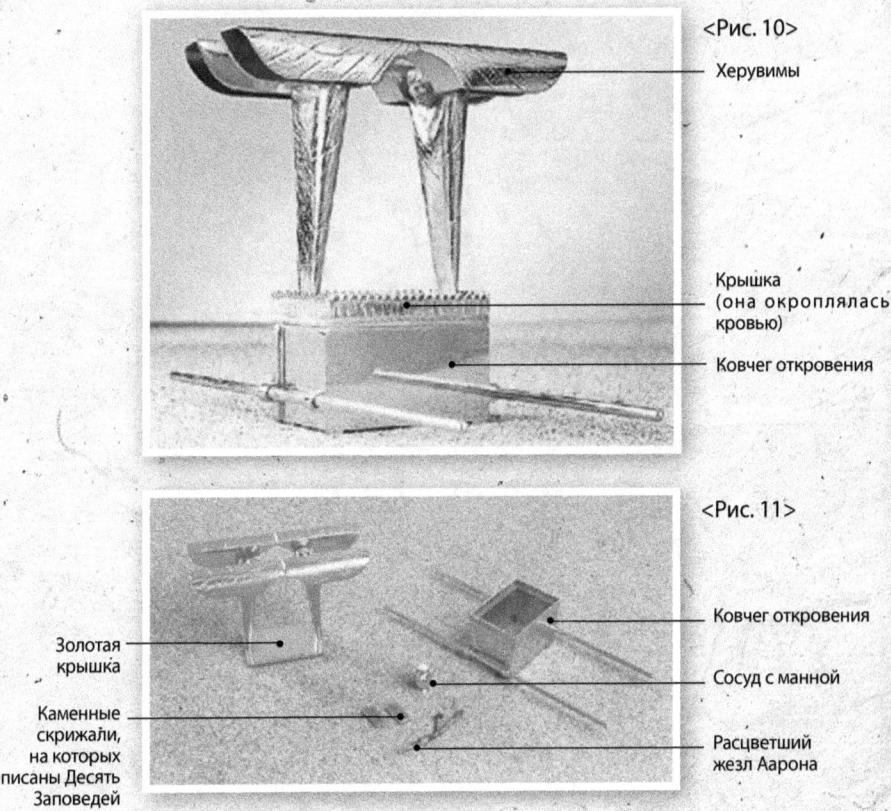

<Рис. 10>
— Херувимы
— Крышка (она окроплялась кровью)
— Ковчег откровения

<Рис. 11>
— Ковчег откровения
— Сосуд с манной
— Расцветший жезл Аарона
— Золотая крышка
— Каменные скрижали, на которых написаны Десять Заповедей

Ковчег Откровения и золотая крышка

Внутри Святая Святых находился Ковчег Откровения, сделанный из чистого золота, а над ним – крышка. Крышка служила покровом для Ковчега Откровения (Исход, 25:17-22), она раз в году окроплялась кровью. По краям крышки были два херувима, распростертые крылья которых покрывали крышку (Исход,25:18-20). Внутри Ковчега Откровения были каменные Скрижали с Десятью Заповедями, сосуд с манной и расцветший жезл Аарона.

Рис

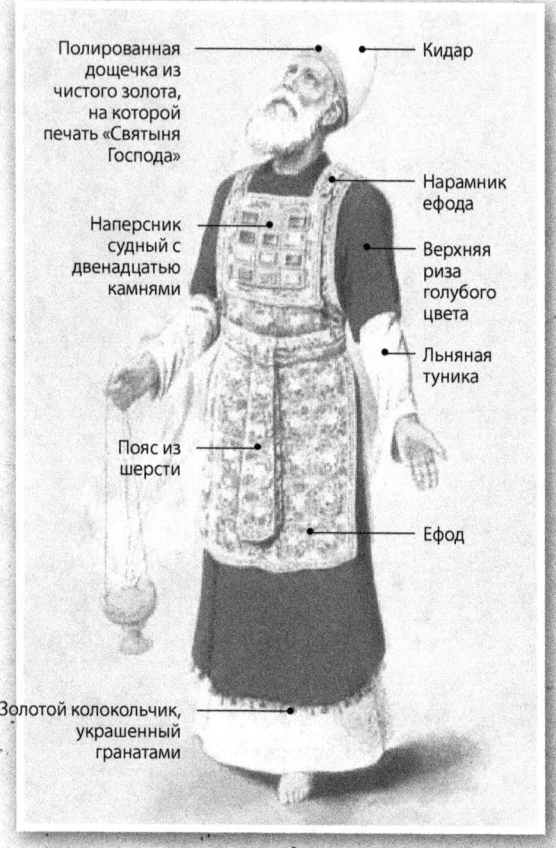

<Рис. 12>

Одежда первосвященника

Первосвященнику было поручено поддерживать порядок в храме и следить за процессом жертвоприношения. Раз в году он входил в Святая Святых, чтобы сделать пожертвование Богу. Каждый, кто занимал пост первосвященника, должен был иметь в своем распоряжении урим и туммим. Эти два камня, используемые для поиска Божьей воли, были прикреплены к верхней части ефода, который носил священник, прямо у его сердца. Урим символизирует свет, а туммим – совершенство.

5. Духовное значение жертвоприношений быков и ягнят

В Книге Левит, 1:2, Бог сказал Моисею: «Объяви сынам Израилевым и скажи им: когда кто из вас хочет принести жертву ГОСПОДУ, то, если из скота, приносите жертву вашу из скота крупного и мелкого». Во время богослужения дети Божьи делают разные жертвоприношения Богу. Кроме десятин, они дают пожертвования из благодарности за освобождение или жертвуют на строительство храма. А между тем, Бог повелел каждому, кто жертвует, приносить жертву из «скота крупного или мелкого». Поскольку в этом стихе заложен глубокий духовный смысл, мы не должны делать буквально то, что в нем говорится. Прежде всего следует понять его духовный смысл, а затем поступить по воле Божьей.

Какой духовный смысл заложен в жертвоприношении «скота крупного или мелкого»? Смысл в том, что мы должны, поклоняясь в духе и истине, принести себя в жертву живую и святую. Это и есть духовное служение поклонения (Послание к Римлянам, 12:1). Мы должны всегда бодрствовать в молитвах и вести себя благочестиво пред Богом не только во время служения поклонения, но также и в своей повседневной жизни. Тогда наше поклонение и все жертвоприношения будут для Бога жертвой живой и святой, что Бог примет как духовное поклонение.

Почему из всех животных Бог повелел народу приносить в жертву тельцов и агнцев? Потому что телец и агнец являются прообразами Иисуса, Который стал мирной жертвой, закланной ради спасения человечества. Давайте же исследуем сходство между тельцом и Иисусом.

1) Тельцы переносят на себе тяжелые грузы

Точно так же, как тельцы переносят на себе тяжелые грузы, Иисус понес на Себе бремя нашего греха. В Евангелии от Матфея, 11:28, написано: «Придите ко Мне все труждающиеся и обремененные, и Я успокою вас». Сколько усилий прилагают люди, стремясь обрести богатство, почет, знания, славу, уважение и власть, желая исполнить другие свои желания. Наряду со множеством тягот, которые переносит человек, он также несет на себе бремя греха, и жизнь его проходит в испытаниях, мучениях и страданиях.

Иисус взял на Себя бремя нашего греха и наши жизненные ноши, принеся Себя в жертву, пролив кровь и приняв распятие на деревянном кресте. По вере в Господа человек освобождается от бремени своих несчастий и греха и может жить, наслаждаясь миром и покоем.

2) Тельцы не создают людям проблем, от них – только польза

Крупный рогатый скот послушно трудится для человека, дает ему молоко, мясо и шерсть. От рогов до копыт их – все приносит пользу. Иисус тоже приносил людям одни только блага. Он свидетельствовал о Евангелии Небес бедным, больным и отверженным, Он приносил им утешение и надежду, разрывал сковывающие их цепи греха, исцелял их от болезней и немощей. Он отдавал все силы тому, чтобы обучить Слову Божьему хотя бы еще одну душу, даже если для этого ему не придется ни есть, ни спать. Пожертвовав Своей жизнью и приняв распятие, Иисус открыл двери к спасению грешников, обреченных на ад.

3) Тельцы обеспечивают человека мясом

В Евангелии от Иоанна, 6:53-54, Он говорит нам: «Если не будете есть Плоти Сына Человеческого и пить Крови Его, то не будете иметь в себе жизни. Ядущий Мою Плоть и пиющий Мою Кровь имеет жизнь вечную, и Я воскрешу его в последний день».

Иисус – это Слово Божье, которое пришло в этот мир во плоти. Поэтому есть плоть и пить Его кровь, значит жить по Слову Божьему, превратив его в хлеб своей жизни. Точно так же, как человек живет, когда он ест и пьет, так же и мы можем обрести жизнь и взойти на Небеса, только сделав Слово Божье своим хлебом насущным и вкушая его.

4) Тельцы вспахивают землю, превращая ее в плодородную почву

Иисус возделывает поле человеческого сердца. В 13-й главе Евангелия от Матфея есть притча о четырех типах поля: при дороге, каменистое поле, покрытое тернием и добрая земля. Так как Иисус искупил нас от наших грехов, то наше сердце стало обителью Святого Духа, и Он дает нам силы. С помощью Святого Духа наши сердца могут преобразиться в добрую землю. Если мы верим в Кровь Иисуса, Который дозволил нам получить прощение грехов, изо всех сил стараемся быть послушными истине, то наши сердца могут стать плодородной, богатой и доброй почвой, мы получим благословения в духе и в теле в 30, 60 и в 100 раз больше того, что мы сеяли.

А каково сходство между агнцем и Иисусом?

1) Агнцы смиренны

Говоря о смиренных или кротких людях, мы обычно сравниваем их со смиренными агнцами. Иисус – самый кроткий из всех людей. В Книге пророка Исаии, 42:3, об Иисусе сказано: «Трости надломленной не переломит, и льна курящегося не угасит...». Он терпелив даже со злодеями и извращенцами, ожидая до последнего, пока они сойдут со своих путей. Во власти Иисуса, Сына Бога Творца, было уничтожить все человечество, а Он продолжал терпеть нас и проявлять к нам Свою любовь даже тогда, когда Его распинали грешники.

2) Агнец послушен

Ягненок послушно следует за своим пастухом туда, куда тот его ведет. Он остается неподвижным, когда его стригут. Во 2-м послании к Коринфянам, 1:19, написано: «Ибо Сын Божий, Иисус Христос, проповеданный у вас нами, мною и Силуаном и Тимофеем, не был "да " и "нет "; но в Нем было "да"». Иисус не настаивал на Своем мнении, Он вплоть до самой смерти был послушен Богу. На протяжении всей жизни Иисуса только Бог выбирал, куда и когда Ему идти, и Он делал только то, что Бог велел Ему делать. И, наконец, зная о предстоящих страданиях на кресте, Он все перенес в полном послушании, чтобы исполнить волю Отца.

4) Агнец чист

Здесь под агнцем имеется ввиду однолетний ягненок мужского пола, который еще не спаривался (Исход, 12:5). Агнца в этом возрасте сравним с восхитительным и чистым юным созданием или же с непорочным и безгрешным Иисусом. Агнцы, которые обеспечивают людей шерстью и мясом, никак не могут навредить человеку, от них ему только польза. Как уже говорилось выше, Иисус пожертвовал Своей плотью и кровью, отдавая всего Себя до последней капли. В полном послушании Богу Отцу Иисус исполнил Божью волю и разрушил стену греха между Богом и грешниками. И даже сегодня Он продолжает возделывать наши сердца, чтобы превратить их в чистую и плодородную почву.

Подобно тому, как во времена Ветхого Завета люди приносили в жертву крупный и мелкий рогатый скот, чтобы получить искупление от грехов, Иисус, отдав Себя в жертву на кресте, Своею Кровью приобрел вечное искупление (Послание к Евреям, 9:12). Веря в это, мы должны отчетливо понимать, как именно Иисус стал жертвой, достойной, чтобы ее принял Бог. Мы должны быть всегда благодарны за любовь и благодать Иисуса Христа и следовать примеру Его жизни.

Глава 3

Жертва всесожжения

«А внутренности жертвы и ноги ее вымоет он водою, и сожжет священник все на жертвеннике: это всесожжение, жертва, благоухание, приятное ГОСПОДУ».

Книга Левит, 1:9

1. Многозначительный смысл жертвы всесожжения

Всесожжение – один из первых способов жертвоприношения, описанных в Книге Левит, то есть один из самых древних. Слово «всесожжение» на иврите звучит как «олаў» и переводится как «поднимающийся, восходящий». Жертва всесожжения, положенная на алтарь и полностью поглощенная огнем, является символом полного самопожертвования человека, его посвящение Богу и добровольное служение. Богу приятно благоухание от жертвенных животных, принесенных во всесожжение, которое является самым распространенным способом жертвоприношения, а также знамением того, что Иисус взял на себя наши грехи и «предал Себя за нас в приношение и совершенную жертву Богу, в благоухание приятное» (Послание к Ефесянам, 5:2).

То, что Богу было приятно благоухание всесожжения не означает, что Ему доставлял удовольствие запах жертвенного животного. Это значит, что Он принимал благоухание сердца человека, которой приносил Ему жертву. Бог исследует, сколько страха Божьего есть в этом человеке, жертвует ли он Богу с любовью. Он принимает самопожертвование и любовь человека.

Заколоть животное, чтобы принести его в жертву, символизирует необходимость отдать Богу жизнь и быть послушным всем Его заповедям. Другими словами, духовный смысл всесожжения заключается в том, что мы должны жить только по Слову Божьему, в чистоте и святости, посвятив Ему все стороны Своей жизни.

Говоря современным языком, всесожжение – это обещание нашего сердца отдать свою жизнь Богу по воле Его, посещая богослужения на Пасху, в праздники урожая и благодарения, на Рождество и участвуя в каждом воскресном богослужении. Если мы поклоняемся Богу каждое воскресенье, храним в святости День Господень, то это служит доказательством того, что мы – дети Божьи и наш дух принадлежит Ему.

2. Жертва всесожжения

Бог повелел, чтобы жертва была «мужского пола, без порока», что символизирует совершенство. Он желает, чтобы животное было мужского пола, так как считается, что мужчины более верны своим принципам, чем женщины. Они не колеблются туда и обратно, справа налево, не лукавят, не проявляют нерешительности. И еще: Бог желает, чтобы жертва была «без порока». Это означает, что человек должен поклоняться Ему в духе и истине, что не следует возносить хвалу Богу в унылом духе.

Родители радуются нашим подаркам, когда мы дарим их с любовью и заботой. Если же мы приносим их нехотя, то этим мы вряд ли порадуем их. Точно так же и Бог не может принять поклонение, которое возносится без радости, в утомленном и сонливом состоянии, с мыслями о чем-то постороннем. Он с радостью примет наше поклонение только тогда, когда наше сердце до краев наполнено надеждой на Небеса, благодарностью за благодать спасения и любовью нашего Господа. Только тогда Бог покажет нам выход во времена искушений и скорбей, и позволит нам преуспевать на всех наших путях.

В Книге Левит, 1:5, Бог велел принести в жертву молодого тельца, который не спаривался. В духовном смысле он символизирует чистоту и непорочность Иисуса Христа. Таким образом, этот библейский стих отражает желание Бога, чтобы мы приходили к нему с чистым и искренним сердцем, как у ребенка. Он не хочет, чтобы мы вели себя ребячливо, были незрелыми, Он лишь желает, чтобы наше сердце было простым, послушным и смиренным, как у дитя.

У тельца еще не выросли рога, поэтому он не бодается, в нем нет никакого зла. Эти качества также присущи Иисусу Христу, который был кротким, смиренным и послушным, как дитя. Так как Иисус Христос непорочный Сын Божий, то жертва, сравниваемая с Ним, тоже должна быть чистой, без порока.

В Книге пророка Малахии, 1: 6-8, Бог строго укоряет Израильтян за то, что те приносили Богу жертвы с изъянами:

«Сын чтит отца и раб - господина своего; если Я отец, то где почтение ко Мне? и если Я ГОСПОДЬ, то где благоговение предо Мною? говорит ГОСПОДЬ Саваоф вам, священники, бесславящие имя Мое. Вы говорите: "чем мы бесславим имя Твое?" Вы приносите на жертвенник Мой нечистый хлеб, и говорите: "чем мы бесславим Тебя?" - Тем, что говорите: "трапеза ГОСПОДЬ не стоит уважения ". И когда приносите в жертву слепое, не худо ли это? или когда приносите хромое и больное, не худо ли это? Поднеси это твоему князю; будет ли он доволен тобою и благосклонно ли примет тебя? говорит ГОСПОДЬ Саваоф».

Мы должны приносить Богу только непорочные, чистые и безупречные жертвы, поклоняясь Ему в духе и истине.

3. Смысл, заключенный в разных видах приношений

Бог справедливости и милосердия видит сердце человека. Его интересует не размер, ценность или стоимость приношения, а то, с какой верой жертвовал человек, с учетом его конкретных обстоятельств. Во 2-м послании к Коринфянам, 9:7, Он говорит нам: «Каждый уделяй по расположению сердца, не с огорчением и не с принуждением; ибо доброхотно дающего любит Бог». Бог с удовольствием принимает то, что мы, исходя из собственной ситуации, пожертвовали Ему радостно.

В 1-й главе Книги Левит Бог подробно объясняет, как приносить в жертву тельцов, коз, овец и птиц. Конечно же, телец без порока – самая лучшая жертва, которую можно принести Богу во всесожжение, но не все люди могут позволить себе это. Вот почему из милости и сострадания, учитывая их обстоятельства и возможности, Бог разрешил людям жертвовать Ему овец, коз или голубей. Какой духовный смысл заключен в этом?

1) Бог принимает жертвоприношения, учитывая возможности каждого человека

У всех людей разные финансовые возможности и обстоятельства жизни, небольшая сумма денег для одних, другим может показаться целым состоянием. По этой причине Бог с радостью принимает, когда Ему в жертву приносятся агнцы, козлы или голуби, в соответствии с возможностями человека. В этом – Божья справедливость и любовь, которые позволяют каждому, будь он богат или беден, принять участие в посильном для него жертвоприношении.

Бог не обрадуется, если человек принесет Ему в жертву козла, хотя он может позволить себе пожертвовать тельца. Однако Бог с радостью примет и исполнит желания сердца того, кто пожертвовал тельца, хотя по своим возможностям мог бы положить на жертвенник только ягненка. Независимо от того, что было принесено в жертву, телец, агнец, козел или голубь, для Бога это «благоухание приятное» (Книга Левит, 1:9,13,17). Это означает, что, независимо от размеров жертвоприношения, когда мы жертвуем Богу от всего сердца, то Бог, Который видит наше сердце, сочтет каждое приношение приятным для Себя благоуханием.

В Евангелии от Марка, 12:41-44, описываться сцена, когда Иисус хвалит бедную вдову за ее приношение. Две лепты, которые она положила в сокровищницу, были в то время самой малой денежной единицей, но это было все, что она имела. Каким бы малым ни было приношение, когда мы даем Богу все, что можем, и делаем это с радостью, то Бог благоволит к такому приношению.

2) Бог принимает поклонение с учетом интеллектуальных способностей каждого человека

Слушая Божье Слово, люди воспринимают его и принимают благодать от него по-разному. Многое зависит от их эрудиции, образования, происхождения и уровня знаний. Даже во время одного и того же богослужения тем, кто менее образован, кто мало времени уделял учебе, будет сложнее понять и запомнить Слово Божье, чем тем, кто более эрудирован и кто больше времени провел за книжками. Поскольку Бог знает обо всем этом, Он желает, чтобы каждый человек поклонялся Ему по мере своих умственных способностей от всего сердца, понимал Слово

Божьей и жил по нему.

3) Бог принимает поклонение, учитывая возраст и остроту ума каждого

С возрастом у людей ухудшается память и способность воспринимать информацию. Поэтому многие пожилые люди не могут понять и запомнить Слово Божье. Но даже при этом, если человек всем сердцем отдается поклонению, Бог, понимая состояние каждого человека, с радостью примет его поклонение.

Помните, что, если человек поклоняется под водительством Святого Духа, то с ним Божья сила, даже если у него недостаточно мудрости, знаний или он уже стар. Работая через Святого Духа, Бог поможет ему понять Слово Божье и сделать его своим хлебом. Так что не сдавайтесь, говоря: «У меня не получается» или «Я старался, но у меня ничего не вышло». Лучше убедитесь в том, что вы приложили все свои усилия, стремясь ощутить силу Божью. Наш Бог любви с радостью примет пожертвование, сделанное с максимальными усилиями, исходя из возможностей и положения человека.

4. Приношение тельца (Книга Левит, 1:3-9)

1) Телец без порока у дверей скинии собрания

Скиния состояла из Святилища и Святая Святых. Только священник мог войти в Святилище, а в Святая Святых – только первосвященник, и то только раз в год. Вот поэтому обычные люди, которым вход во Святилище был запрещен, приносили свои жертвы к дверям скинии собрания.

Поскольку Иисус разрушил стену греха, стоявшую между Богом и нами, мы можем иметь личные отношения с Богом.

В ветхозаветные времена люди должны были оставлять пожертвования у дверей скинии собрания. Теперь же, когда наши сердца являются обителью Святого Духа и Он напрямую общается с нами, мы, живущие во времена Нового Завета, обрели право входить в Святая Святых, приходя к Богу.

2) Возложить руку на голову жертвы всесожжения, чтобы переложить на нее грех и заколоть

В Книге Левит, 1:4-5, написано: «И возложит руку свою на голову жертвы всесожжения - и приобретет он благоволение, во очищение грехов его; и заколет тельца пред ГОСПОДОМ...». Возложение руки на голову жертвы всесожжения символизирует перенос грехов человека на жертву всесожжения, после чего Бог через кровь жертвы всесожжения даст прощение грехов.

Возложение рук, помимо очищения от грехов, еще передает благословение и помазание. Мы знаем, что Иисус возлагал Свои руки, когда хотел благословить детей или исцелить больного от его недугов и немощей. Возлагая руки, апостолы молились о том, чтобы люди получали Святого Духа и приносили еще более обильные плоды. И еще: возлагая руки, мы посвящаем человека Богу. Когда служитель возлагает свою руку на различные приношения, то этим он хочет сказать, что отдает их Богу.

Молитва благословения в конце богослужения или молитвенного собрания наряду с молитвой «Отче наш» совершаются для того, чтобы Бог с благоволением принял эти служения. В Книге Левит, 9:22-24, описано, как первосвященник Аарон поднял «руки свои, обратившись к народу, и благословил его», отдав Богу грех и жертву всесожжения, по правилам, установленным Богом. Когда мы храним День Господень и завершаем служение молитвой благословения, Бог защищает нас от врага, дьявола и сатаны, а также от искушений и несчастий, дает нам возможность наслаждаться обилием благословений.

Что значит для человека заколоть тельца мужского пола без пятна и порока, принеся его в жертву? Так как возмездием за грех является смерть, человек умерщвлял животное вместо себя. Молодой телец, который еще не спаривался, также прекрасен, как невинное дитя. Бог желает, чтобы каждый человек приносил жертву всесожжения с сердцем невинного ребенка и никогда больше не грешил. Для этого Он хочет, чтобы каждый человек покаялся в своих грехах и обрел мир в сердце.

Апостол Павел знал, чего желает Бог, поэтому, даже после того, как он получил прощение грехов и обрел власть и силу, которые даются детям Божьим, он «каждый день умирал». В 1-м послании к Коринфянам, 15:31, он признался: «Я каждый день умираю: свидетельствуюсь в том похвалою вашею, братия, которую я имею во Христе Иисусе, Господе нашем», потому что мы сможем принести наши тела в жертву живую и благоугодную Богу только после того, отбросим от себя все то, что враждебно Богу, а именно: неправду в сердце, надменность, жадность и ограниченность собственными мыслями, самоправедностью и всем тем, что является проявлением зла.

3) Священник окропляет кровью жертвенник со всех сторон

После того, как заколот жертвенный телец, на которого возложены грехи человека, священник со всех сторон окропляет его кровью жертвенник, поставленный у входа в скинию собрания. Дело в том, что кровь символизирует жизнь, о чем в

Книге Левит, 17:11, написано: «Потому что душа тела в крови, и Я назначил ее вам для жертвенника, чтобы очищать души ваши, ибо кровь сия душу очищает». По этой же причине, чтобы искупить нас от греха, Иисус пролил Свою кровь.

Все стороны жертвенника символизируют восток, запад, север и юг, или, проще говоря, все пути, «которыми бы человек ни следовал». Окропление кровью всех сторон жертвенника означает, что, куда бы ни ступала нога человека, его грехи прощены. Это также означает, что мы получим прощение грехов, совершенных на всех путях, и Бог укажет нам путь, по которому Он желает, чтобы мы шли, и пути, которые нам следует избегать.

То же самое происходит и сегодня. Жертвенник – это кафедра, с которой провозглашается Слово Божье, и служитель Господа, ведущий богослужение, исполняет роль священника, кропящего кровь. Во время богослужения мы слушаем Слово Божье и по вере, благодаря силе Крови нашего Господа, мы получаем прощение всего того, что мы совершили против Божьей воли. Получив прощение грехов благодаря Его Крови, мы должны идти только путями, угодными Богу, как можно дальше отдаляясь от греха.

4) Снять кожу с жертвы всесожжения и рассечь ее на части

Прежде чем животное будет принесено в жертву всесожжения, с него должна быть снята кожа. Кожа у животных жесткая, не так просто сжечь ее полностью, и к тому же, когда она горит, она отвратительно пахнет. Поэтому, чтобы жертвенное животное стало благоуханием, приятным Господу, с него прежде всего нужно снять кожу. С какой частью современного богослужения сопоставим этот процесс?

Бог ощущает благоухание человека, поклоняющегося Ему, Он не принимает того, что не благоухает. Для того, чтобы богослужение стало приятным благоуханием, угодным Богу, мы должны отбросить все мирское и предстать пред ним в благочестивом и непорочном виде. На протяжении жизни мы совершаем поступки, которые не считаем грехом пред Богом, однако они далеки от благочестия и святости. Мирские качества, свойственные нашей прошлой жизни, могут давать о себе знать и тогда, когда мы стали верующими, проявляясь в виде расточительства, тщеславия и хвастовства.

К примеру, некоторые люди любят ходить на рынки, в универмаги и разглядывать витрины, так как это вошло у них в привычку. Другие не могут обходиться без телевизора и видеоигр. Подобные увлечения, завладев нашим сердцем, отдаляют нас от Божьей любви. Исследуя себя, мы сумеем выявить в себе неправду, унаследованную от порочного мира, и все то, что Бог считает несовершенством. Когда мы приходим, чтобы поклониться Ему, мы должны прежде всего покаяться в своих мирских поступках, чтобы наши сердца стали более чистыми и благочестивыми.

Покаяться перед служением в том, что есть грех, нечистота и проявление несовершенства порочного мира, это все равно, что снять кожу с животного перед тем, как принести его в жертву всесожжения. Чтобы сделать это, мы должны подготовить должным образом свое сердце, придя на богослужение пораньше. Очень важно совершить молитву благодарности за то, что Бог простил нам все грехи и хранил нас, и еще совершить молитву покаяния, исследуя самого себя.

Когда человек приносил Богу в жертву животное, с которого была снята кожа, и которое было рассечено на части и предано огню, Бог в Свою очередь прощал человеку его грехи и беззакония и позволял священнику использовать кожу животных по собственному усмотрению. «Рассечь на части» означало отделить голову и ноги, бока, заднюю часть и внутренности.

Когда мы подаем старшим арбуз или яблоко, мы не ставим их перед ними целиком; мы очищаем их от корок, разрезаем на части. Точно так же и с жертвоприношением Богу. Мы не отдаем жертву во всесожжение целиком, а кладем ее пред Ним в аккуратно разложенном виде.

Какое духовное значение заложено в рассечении жертвы на части?

Во-первых, есть разные виды богослужений. Есть воскресное утреннее и вечернее служения, служение в среду вечером и пятничная всенощная. Разные типы богослужений равноценны рассечению жертвы на части.

Во-вторых, молитвы тоже делятся по темам, так же эквивалентно «рассечению на части» жертвы всесожжения. По общему правилу молитва делится на покаяние и изгнание злых духов, за этим следуем молитва благодарения. Затем она переходит к темам, касающимся церкви: строительство святилища, за пасторов и церковных служителей, за исполнение своих обязанностей в церкви, за преуспевание души человека, за исполнение желаний его сердца и, наконец, молитва, завершающая служение.

Конечно же, мы можем молиться, идя по улице, или, управляя автомобилем, уйдя на обеденный перерыв. У нас может быть время молчаливого общения с Богом, когда мы думаем и размышляем о Боге и нашем Господе. Помните, что, исключая время размышлений, мы должны молиться по очереди за каждую отдельную тему, как бы, рассекая жертву на части. Бог с радостью примет вашу молитву и быстро ответит на нее.

В-третьих, «разрезать на части» жертву означает, что Слово Божье, будучи целостным, разделено на 66 книг. 66 книг Библии говорят о единстве Живого Бога и провидении спасения через Иисуса Христа. И тем не менее, Слово Божье поделено на отдельные книги, и Его Слово в каждой из книг согласуется друг с другом, без каких-либо расхождений. Так как воля Божья охватывает разные аспекты жизни, она передается более систематично, чтобы легче было сделать ее своим хлебом насущным.

Четвертый и, пожалуй, самый важный символический смысл «рассечения на части» жертвы всесожжения заключен в разделении самого богослужения на разные части. Молитва покаяния совершается перед служением, за этим следует первая важная часть, короткий период медитации, которая является подготовительной частью к началу служения, а завершается служение молитвой «Отче наш» или благословением. В промежутке между ними не только провозглашается Слово Божье, но и совершается ходатайственная молитва, поются песни прославления, читаются библейские стихи, собираются пожертвования и т.д. Каждый из этих элементов богослужения имеет свою значимость, так что проведение богослужения в определенном порядке символизирует рассечение жертвы на части.

По аналогии со всесожжением, которое считалось полным, когда сгорали все части жертвы, мы должны всецело отдаться богослужению, от самого начала до самого конца. Участники богослужения не должны опаздывать, уходить со служения, ради исполнения своих профессиональных обязанностей, если только в этом не возникло острой необходимости. Некоторые люди выполняют особые поручения в церкви, например, добровольно берут на себя обязанность следить за порядком, им может быть дано разрешение покинуть свои места раньше других. Бывает, что люди стараются вовремя прийти на служение в среду вечером или на пятничное всенощное служение, но вынуждены опаздывать из-за графика работы или каких-то непредвиденных обстоятельств. Несмотря на опоздание, Бог принимает благоухание их поклонения, видя их сердца.

5) Священник кладет огонь на жертвенник и раскладывает дрова

После того, как священник рассечет жертву на части, он должен разложить все части на жертвеннике и сжечь их. Вот поэтому священникам даны следующие указания: «положат на жертвенник огонь, и на огне разложат дрова». Здесь «огонь» в духовном понимании означает огонь Святого Духа, а дрова, разложенные на огне, указывают на контекст и содержание Библии. Каждое слово во всех 66 книгах Библии должно быть использовано в качестве дров на огне. «Разложить на огне дрова» в духовном смысле означает, что каждое слово из Библии должно стать нашим духовным хлебом благодаря деяниям Святого Духа.

Например, в Евангелии от Луки, 13:33, Иисус говорит: «... Не бывает, чтобы пророк погиб вне Иерусалима». Попытки понять этот стих буквально обречены на неудачу, потому что мы знаем многих Божьих людей, в частности, апостолов Павла и Петра, которые умерли вне Иерусалима. В этом стихе под Иерусалимом подразумевается не город на физической карте мира, который известен всем, это «город», в который вложены Божье сердце и Его воля, то есть речь идет о «духовном Иерусалиме», коим является «Слово Божье». Таком образом, слова «не бывает, чтобы пророк погиб вне Иерусалима» означают, что пророк живет и умирает в рамках Слова Божьего.

Понять то, что мы читаем в Библии, а также проповеди, которые мы слушаем во время богослужений, можно только под водительством Святого Духа. Та часть Божьего Слова, которая превыше человеческих знаний, мыслей и догадок, тоже может быть понята только по вдохновению, полученному от Святого Духа, и только так мы можем искренне поверить Слову. Итак, возрастать духовно мы будет только тогда, когда познаем Слово Божье через работу и водительство Святого Духа. Тогда мы познаем сердце Божье, которое укоренится в наших сердцах.

6) Разложить части, голову и тук на дровах, которые на огне, на жертвеннике

В Книге Левит, 1:8, мы читаем: «И разложат сыны Аароновы, священники, части, голову и тук на дровах, которые на огне, на жертвеннике». Чтобы принести жертву всесожжения, священник должен разложить на дровах разделанные части жертвенного животного, в том числе его голову и тук.

Сжигание головы жертвы символически указывает на то, что мы должны сжечь все мысли, враждебные истине, которые возникают в нашей голове. Так как мысли зарождаются в голове, то большинство грехов берут начало в наших головах. Люди этого мира не назовут человека грешником, если его грех не проявился в его поступках. Однако в 1-м послании Иоанна, 3:15, написано: «Всякий, ненавидящий брата своего, есть человекоубийца». Так что скрытую ненависть Бог тоже считает грехом.

Иисус искупил нас от греха 2000 лет назад. Он заплатил за наши грехи, которые мы совершаем не только нашими руками и ногами, но также за те, что рождаются в наших мыслях. Ноги и руки Иисуса были пробиты гвоздями, чтобы искупить нас от грехов, которые мы совершаем своими руками и ногами. Ему на голову был надет терновый венец, чтобы искупить нас от греховных мыслей, зарождаемых в нашей голове. Так как мы уже получили прощение грехов, совершаемых в мыслях, то нам не нужно приносить в жертву головы животных; мы должны опалять свои мысли огнем Святого Духа, мы должны делать это, отбрасывая от себя мысли, враждебные истине, и постоянно размышлять об истине.

Если мы всегда думаем об истине, то неправда и все посторонние мысли более не занимают нас. Под водительством Святого Духа люди отбрасывают праздные мысли, сосредотачиваются на послании, проповедуемом во время богослужения, и принимают его всем сердцем, это помогает им вознести Богу духовное поклонение, угодное Ему.

Тук, который является плотной жировой прослойкой животного, – это источник энергии и жизни. Иисус принес Себя в жертву, пролив всю Свою кровь и воду. Если мы верим в Иисуса как в своего Господа, то нам нет необходимости жертвовать Богу тук животного.

И, тем не менее, верить в Господа не значит просто исповедовать своими устами: «Я верю». Если мы действительно верим в то, что Господь исцелил нас от греха, то мы должны отбросить от себя всякий грех. Слово Божье должно трансформировать нас и направлять нас к жизни в святости. Мы должны полностью, всем сердцем, всей душою и крепостью своей, отдаваться богослужению, вознося Богу духовное поклонение. Человек, который вложил всю свою энергию в поклонение, не будет просто держать в сердце своем Слово Божье, он будет исполнять его. Только тогда, когда Слово Божье исполнилось в сердце человека, оно обретает силу и приносит благословения в духе и в плоти.

7) Священник вымоет водою внутренности и ноги и сожжет все на жертвеннике

В то время как все части жертвенного животного просто возлагаются на алтарь, Бог велел ноги и внутренности, самые нечистые части животного, вымыть водою перед тем, как сжечь на жертвеннике. «Вымыть водою» указывает на необходимость омыть все нечистое в человеке, приносящем жертву. Что имеется в виду под нечистым, которое нужно смыть? В то время как люди времен Ветхого Завета должны были вымыть нечистые части жертвы, людям Нового Завета следует смыть все нечистое из своего сердца.

В 15-й главе Евангелия от Матфея, приводится эпизод, когда фарисеи и книжники упрекают учеников Иисуса за то, что они едят, не умыв рук. А Иисус им говорит: «Не то, что входит в уста, оскверняет человека, но то, что выходит из уст, оскверняет человека» (ст.11). То, что входит в рот, перестает воздействовать на человека после того, как выведется из его организма, а вот последствия того, что исходит из сердца и произносятся устами, имеет более долгосрочные последствия. Поэтому Иисус, продолжая Свою мысль, в стихах 19-20, сказал: «Ибо из сердца исходят злые помыслы, убийства, прелюбодеяния, любодеяния, кражи, лжесвидетельства, хуления — это оскверняет человека; а есть неумытыми руками — не оскверняет человека». Таким образом мы должны смыть грех и зло со своего сердца с помощью Слова Божьего.

Чем больше наши сердца будут наполнены Словом Божьим, тем больше грех и зло будут вытесняться из него и исчезать. К примеру, если любовь для человека – это хлеб жизни, то он никогда не будет испытывать ненависть. Если человек сделает своим хлебом жизни смирение, то оно вытеснит его высокомерие. Если истина стала для него хлебом жизни и он живет в соответствии с ней, то он сумеет избавиться от своей греховной природы. Вполне естественно, что он постепенно будет возрастать в вере и, в конечном счете, достигнет меры веры, соответствующей мере полного возраста Христова. В зависимости от меры веры человека, ему будут сопутствовать Божья сила и власть. И тогда желания его сердца будут исполняться, и благословения придут в его жизнь.

Только после того, как внутренности и ноги жертвы будут вымыты водою и сожжены на жертвеннике, от них будет исходить приятное благоухание. В Книге Левит, 1:9, о таком жертвоприношении говорится, что оно «благоухание, приятное ГОСПОДУ». Когда мы поклоняемся Богу в духе и истине, в соответствии с Его Словом о том, как приносить жертвы всесожжения, такое поклонение становится всесожжением, угодным Богу, и тогда мы сможем получить ответы от Него. Наши сердца, поклоняющиеся Ему, будут приятным благоуханием Господу. Если же Он благоволит к нам, то Он дает нам преуспевание во всех аспектах жизни.

5. Жертвоприношение овец и коз (Книга Левит, 1:10-13)

1) Овцы и козы мужского пола, без порока

Овцы и козы так же, как и тельцы, которых приносили в жертву, должны были быть мужского пола и без порока. В духовном понимании жертва без порока является символом поклонения Богу с совершенным сердцем, наполненным радостью и благодарностью. Божье повеление жертвовать животных мужского пола символизирует «поклонение с решительным сердцем, без всяких колебаний». Хотя жертвоприношение может отличаться, в зависимости от финансовых возможностей человека, но, независимо от того, чем он жертвует, его отношение к жертвоприношению должно быть святым и совершенным.

2) Жертва должна быть заколота на северной стороне жертвенника, и священник должен окропить кровью жертвенник со всех четырех сторон

Как и в случае с жертвоприношением тельцов, цель окропления жертвенника кровью животного со всех сторон заключается в том, чтобы получить прощение грехов, совершенных всюду: на востоке, на западе, на севере и на юге. Бог дозволил, чтобы искупление греха произошло через кровь животного, приносимого Ему в жертву, вместо человека.

Почему Бог велел заколоть жертву именно на северной

стороне жертвенника? «Север», или «северная сторона», духовно символизируют холод и тьму; это часто указывает на то, что не угодно Богу, за что Он наказывает или укоряет.

В Книге пророка Иеремии, 1:14-15, мы читаем: «От севера откроется бедствие на всех обитателей сей земли. Ибо вот, Я призову все племена царств северных, говорит Господь, и придут они, и поставят каждый престол свой при входе в ворота Иерусалима, и вокруг всех стен его, и во всех городах Иудейских».

В Книге пророка Иеремии, 4:6, Бог говорит нам: «...бегите, не останавливайтесь, ибо Я приведу от севера бедствие и великую гибель». Как видно, «север» в Библии символизирует Божье наказание и порицание, а северная сторона, где должны были быть заколоты животные, на которые возлагались все грехи человечества, символизирует проклятие.

3) Жертва всесожжения разделяется на части вместе с головой и тук ее раскладывается на дровах; ноги моются водой; и все это сжигается на жертвеннике

Кроме тельцов в жертву всесожжения Богу приносили агнцев и коз, чтобы получить прощение грехов, совершенных нашими головами, руками и ногами. Ветхий Завет подобен тени, а Новый Завет – как сама форма, та, что отбрасывает тень. Бог хочет, чтобы мы не только получили прощение за греховные дела, совершенные нами, но и чтобы наши сердца были обрезаны, чтобы мы жили согласно Его Слову. Для того чтобы очиститься от неправды и жить, согласно истине, наше служение поклонения должно быть духовным, нам необходимо поклоняться Ему всем сердцем, всем разумением и крепостью своей, а Слово Божье под водительством Святого Духа должно стать нашим хлебом.

6. Жертвоприношение птиц (Книга Левит, 1:14-17)

1) Горлицы или молодые голуби

Голуби – самые смиренные и умные из всех птиц, люди их быстро приручают. Так как у них нежное мясо, и вообще они приносят людям много пользы, Бог велел приносить в жертву горлиц и молодых голубей. Бог хотел, чтобы жертвоприношение было сделано из молодых голубей, потому что Он ценит в жертве чистоту и кротость. Эти качества молодых голубей символизирует смирение и кротость Иисуса, Который стал жертвой.

2) Священник принесет жертву к жертвеннику, свернет ей голову, надломит крылья, не отделяя их; священник сожжет ее на жертвеннике, кровь выцедит к стене жертвенника

Так как молодой голубь очень маленький по размеру, его невозможно заколоть и разделить на части, и очень мало крови может быть пролито в этом случае. Поэтому в отличие от животных, которых закалывают на северной стороне жертвенника, голубю нужно свернуть голову, чтобы у него потекла кровь; частью процесса является возложение рук на голову голубя. В то время как в других случаях кровью жертвы окропляются все стороны алтаря, кровь голубя можно выцедить лишь на стену жертвенника, в виду того, что у жертвы мало крови.

Кроме того, голубь настолько мал, что если разделить его на части, то его формы станут неузнаваемыми. Вот почему голубям лишь надламывали крылья, но не отделяли их от тела. От крыльев зависит жизнь птицы. Тот факт, что голубю надламывали крылья, символизирует, что человек полностью покоряется Богу и вверяет Ему свою жизнь.

3) Зоб жертвы и ее перья удалить и бросить подле жертвенника на восточную сторону

Перед тем, как сжечь птицу на жертвеннике, ей удаляют зоб и перья. Если внутренности и ноги тельцов, овец и коз просто сжигаются после того, как они будут промыты водой, то промыть узкий зоб и конечности у голубя очень трудно, поэтому Бог позволил их бросить подле жертвенника. Удаление зоба и перьев, так же, как и очищение нечистых частей тела овец и тельцов, символизирует очищение наших сердец, опороченных грехом и злом, посредством поклонения Богу в духе и истине.

Зоб и перья птицы должны быть брошены подле жертвенника на восточную сторону. В Книге Бытие, 2:8, мы читаем: «И насадил Господь Бог рай в Едеме на востоке». Восток в духовном понимании символизирует пространство, окруженное светом. И даже на Земле, на которой мы живем, восток – это часть света, откуда встает солнце, а как только солнце всходит, мрак ночи рассеивается.

Что символизирует отбрасывание зоба и перьев на восточную сторону жертвенника?

Это символизирует то, как мы предстаем пред Господом, Кто есть Свет, после того как мы, отбросив нечестие греха и зла, приносим Богу жертву всесожжения. В Послании к

Ефесянам, 5:13, написано: «Все же обнаруживаемое делается явным от света, ибо все, делающееся явным, свет есть», поэтому, отбросив нечистоту греха и зла, которые мы выявили в себе, мы становимся Божьими детьми, придя к Свету. Таким образом, бросить нечистые части тела жертвы подле жертвенника, на восточную сторону, в духовном плане означает, что мы, жившие в нечистоте греха и зла, отбросив их, становимся детьми Божьими.

Благодаря всесожжениям тельцов, овец, коз и птиц, у нас есть возможность понять Божью любовь и справедливость. Бог повелел приносить жертвы всесожжения, потому что хотел, чтобы народ Израиля каждое мгновение своей жизни проводил в близком общении с Ним, постоянно принося Ему жертвы всесожжения. Помня об этом, я надеюсь, что вы будете поклоняться Ему в духе и истине, и не просто будете хранить День Господень, но и будете возносить Ему благоухание вашего сердца в течение всех 365 дней в году. Тогда произойдет то, что наш Бог обещал: «Утешайся Господом, и Он исполнит желания сердца твоего» (Псалом, 36:4). Он позволит нам преуспевать и будет благословлять нас на всех наших путях. Утешайся Господом, и Он исполнит желания сердца твоего.

Глава 4

Хлебное приношение

«Если какая душа хочет принести ГОСПОДУ жертву приношения хлебного, пусть принесет пшеничной муки, и вольет на нее елея, и положит на нее ливана»

Книга Левит, 2:1

1. Многозначительный смысл хлебного приношения

Во второй главе Книги Левит объясняется, что такое хлебное приношение и как оно должно быть преподнесено Господу. Чтобы угодить Ему, жертва должна быть живой и святой.

В Книге Левит, 2:1, мы читаем: «Если какая душа хочет принести Господу жертву приношения хлебного, пусть принесет пшеничной муки, и вольет на нее елея, и положит на нее ливана». Итак, мы видим, что хлебное приношение — это приношение Богу из муки высшего помола. Такое приношение – благодарность Господу, Который дал нам жизнь и Который дает нам хлеб насущныий. В наши дни таким приношением является пожертвование во время воскресного богослужения, данное из благодарности за то, что Бог защищал нас на предшествующей неделе.

Чтобы принести жертву Богу во искуплении греха, требовалось пролить кровь таких животных, как тельцы или овцы. Потому что получив прощение наших грехов через кровь животных, мы могли донести свои молитвы и просьбы до Святого Бога. Однако хлебное приношение – это благодарственная жертва, в которой не должно быть жертвенной крови, она приносится вместе со всесожжением. В благодарность за посеянные семена, которые Он им дал, за пищу, которую Он им дал, за сохранность урожая, люди приносят Богу все лучшее из своего урожая: первые фрукты и собранное зерно в качестве хлебного приношения.

В качестве хлебного приношения использовали, как правило,

муку. В то же время это могла быть как мука тонкого помола, так и испеченный хлеб, и свежие хлебные зерна. К этому добавляли масло, соль и благовония. Затем пригоршни приношений поджигались, чтобы угодить Богу благоуханием.

В Книге Исход, 40:29, мы читаем: «И жертвенник всесожжения поставил у входа в скинию собрания и принес на нем всесожжения и приношение хлебное, как повелел ГОСПОДЬ Моисею». И приказал Господь сделать всесожжение одновременно с хлебным приношением. Таким образом, мы возносим Богу духовное служение поклонения во всей полноте только тогда, когда во время воскресного богослужения мы приносим Ему пожертвования из благодарности.

Этимология понятия «хлебное приношение» связана со словами «пожертвование» и «подношение». Бог хочет, чтобы мы приходили на богослужения не с пустыми руками, но чтобы, жертвуя из благодарности, показали, как мы признательны Ему. Именно по этой причине в Первом послании Фессалоникийцам, 5:18, Он говорит нам: «За все благодарите: ибо такова о вас воля Божия во Христе Иисусе», а в Евангелии от Матфея, 6:21, написано: «Ибо где сокровище ваше, там будет и сердце ваше».

Почему же мы должны за все благодарить и приносить Богу хлебное приношение? Во-первых, человечество было на пути погибели из-за непослушания Адама, но Бог дал нам Иисуса Христа как искупительную жертву за наш грех. Иисус искупил нас от греха и через Него мы получили жизнь вечную. Так как Бог, сотворивший все во Вселенной, и человека в том числе, стал нашим Отцом, мы можем по праву радоваться тому, что мы Божьи дети. Он позволил нам обладать вечными небесами.

Поэтому как же мы можем не благодарить Его?

А еще Бог дал нам солнце, Он управляет дождем, ветром и тем климатом, который радует нас и позволяет собирать обильный урожай, таким образом давая нам хлеб насущный. Мы должны благодарить Его за это. Кроме того, Бог защищает нас в этом грешном мире, в котором преобладают неправедность, болезни и катастрофы. Он отвечает на наши молитвы, возносимые нами с верой, и всегда благословляет нас жить жизнью победителей. И вновь возникает вопрос, можем ли мы не благодарить Его?

2. Приношение хлебное

В Книге Левит, 2:1, Бог говорит: «Если какая душа хочет принести Господу жертву приношения хлебного, пусть принесет пшеничной муки, и вольет на нее елея, и положит на нее ливана». Пшеничная мука, принесенная в качестве хлебного приношения Богу, должна быть высококачественного помола. А также Бог заповедовал, чтобы и зерно было «отличного качества», тем самым показывая, с каким сердцем должно быть сделано хлебное приношение Ему. Чтобы получить пшеничную муку высокого качества, зерна обрабатываются многократно, включая отделение зерен от колосьев, помол и просеивание. Каждый из процессов требует много усилий и особой тщательности. Пища, приготовленная из качественной муки, не только восхитительна на вид, но и отличается особым вкусом.

Духовный смысл Божьего повеления о том, чтобы хлебное приношение было «высококачественной мукой» в том, что Бог принимает именно такую жертву, которая приготовлена предельно тщательно и с радостью. И если мы не только на словах, а делом выражаем Ему сердечную благодарность, Он благоволит к нашему приношению. Вот почему, когда мы даем десятину или благодарственное приношение, мы должны делать это от всего сердца, чтобы Бог принял их радостно.

Бог управляет всем и заповедует человеку приносит жертвы Ему, совсем не потому, что нуждается в чем-либо. Он обладает достаточной силой, чтобы увеличить богатство каждого или забрать чье-либо имущество. Причина, по которой Бог хочет получить жертву от нас, заключается в том, что Он желает благословить нас еще более значительно и полно через те жертвоприношения, которые мы даем Ему с верой и любовью.

Во Втором послании Коринфянам, 9:6, мы находим: «При сем скажу: кто сеет скупо, тот скупо и пожнет; а кто сеет щедро, тот щедро и пожнет». Что посеешь, то и пожнешь – это закон духовной сферы. Поэтому, чтобы благославить нас в полной мере, Бог учит нас приносить благодарственную жертву. Когда мы поверим в этот факт и соответственно в жертвоприношения, то будем делать их естественно, от всего сердца, принося жертву Богу «высококачественной мукой». Жертва Ему должна быть самой лучшей, непорочной и безупречной.

Кроме того, «высококачественная мука» символизирует как естество, так и саму жизнь Иисуса, – и то и другое по сути своей совершенно. Все это требует от нас предельно тщательно готовить подобную муку, ориентируя наши жизни на упорный труд и послушание. Хлебные приношения готовились по-разному. После того как мука смешивалась с маслом, можно было запекать в печи или печь на сковороде, и уже готовое изделие приносилось к алтарю для сожжения. Тот факт, что хлебное приношение делалось различными путями, означал разницу в том, как люди жили, поэтому и отличалось то, как они благодарили.

Кроме того, мы всегда благодарим Бога по воскресным дням, чтобы получить благословения и ответы на наши сердечные просьбы, просим о помощи, чтобы превозмочь искушения и испытания веры и тому подобное. Поскольку Бог повелевает нам «благодарить за все», мы должны прилагать усилия к тому, чтобы быть признательными и уметь говорить «спасибо» за все. Только тогда, когда Бог примет благоухание наших сердец и нашу благодарность, Он даст нам жизнь с избытком.

3. Принести в жертву хлебное

1) Хлебное приношение из выскокачественной муки с маслом и благовониями

Смешивая масло с превосходной мукой, можно получить тесто, которое превращается в отличный хлеб, а добавка благовоний повышала качество и внешний вид хлебного приношения. Когда все это приносилось священнику, он брал немного муки, масла и благовоний и поджигал все это на алтаре. И вот тогда распространялось приятное благоухание.

Что означает смешивание масла с мукой?

В данном случае под маслом имеется в виду либо животный жир, либо отжатое растительное масло. Замешивая превосходную муку с маслом, мы тем самым должны показать, что отдаем каждую каплю и частицу своей энергии, всю свою жизнь в благодарственное приношение Богу. Когда мы молимся Богу или делаем приношение Ему, Он дает нам вдохновение и полноту Святого Духа. Все это позволяет направлять наши жизни для личного и непосредственного общения с Богом. Вливание масла символизирует то, что, давая что-либо Богу, мы должны делать это от всего сердца.

Что означает добавление благовоний в приношение?

В Послании к Римлянам, 5:7, мы читаем: «Ибо едва ли кто умрет за праведника; разве за благодетеля, может быть, кто и решится умереть». Впрочем, согласно Божьей воле, Иисус умер за нас, за неправедных и нечестивых, за нас, грешников. Почему распространяющееся благоухание для Бога подобно любви Иисуса? Все дело в том пути, каким Иисус разрушил власть смерти, воскрес, сел по правую руку от Бога, став Царем царей и бесценным благоуханием перед Богом.

В Послании к Ефесянам, 5:2, нас призывают: «И живите в любви, как и Христос возлюбил нас и предал Себя за нас в приношение и жертву Богу, в благоухание приятное». Когда Иисус был принесен в жертву Богу, Он был как приношение с благовониями. Вот поэтому, получив Божью любовь, мы должны принести самих себя в приятное благоухание Богу, как это сделал Иисус.

«Добавление благовоний в муку» символизирует то, что как Иисус славил Бога приятным благоуханием Своего естества и Своих дел, так и мы должны жить по Слову Божьему всем своим сердцем, прославляя Его, источая благоухание Христа. И только тогда, когда, принося пожертвования Богу с благодарностью, мы будем источать благоухание Христа, наши приношения станут хлебной жертвой, заслуживающей Божьего благоволения.

Ни квасного, ни меда не добавлять

«Никакого приношения хлебного, которое приносите Господу, не делайте квасного, ибо ни квасного, ни меду не должны вы сожигать в жертву Господу» – читаем в Книге Левит, 2:11. По повелению Бога в хлеб, который жертвуется Богу, не добавляется закваска. Итак, как дрожжи вызывают брожение в тесте, так и духовная «закваска» извращает и губит приношение.

Неизменный и совершенный Бог хочет наших жертвоприношений, чтобы мы пребывали неиспорченными и жертвовали Ему самую «лучшую муку» от всего сердца. Таким образом, жертвуя, мы должны делать это с непоколебимым, чистым и непорочным сердцем, с благодарностью, любовью и верой в Бога.

Некоторые люди, жертвуя, думают о том, как к ним относятся окружающие, или делают это чисто формально. Другие жертвуют с сердцами, наполненными скробью и огорчением. Еще Иисус предупреждал о закваске фарисеев, которая есть лицемерие. Если мы жертвуем, желая быть святыми только внешне, и ищем признания окружающих, наши сердца будут подобны хлебному приношению, которое испорчено закваской и не имеет ничего общего с Богом.

Таким образом, мы должны жертвовать без какой-либо закваски из глубин наших сердец с любовью и благодарностью Богу. Нельзя делать это нехотя или с огорчением, без веры. Наоборот, мы должны щедро жертвовать с твердой верой в Бога, Который примет наши приношения и благословит духовно и физически. Открывая нам духовное значение приношения, Бог повелевает нам не делать жертвоприношений с закваской.

Однако бывают ситуации, когда Бог позволяет приносить жертвоприношения, сделанные с закваской. Такие приношения не сжигаются, священник потрясает ими и кладет на алтарь в качестве жертвоприношения, а затем возвращает обратно людям для того, чтобы поделились друг с другом и съели их. Они называются «хлеба возношения», в которые, в отличие от хлебного приношения, разрешено добавлять закваску и процесс приготовления их меняется.

Например, верующие посещают богослужения не только по воскресеньям, но и в другие дни. Когда люди со слабой верой посещают только воскресные служения, не бывая на пятничных всенощных или вечерних службах по средам, Бог не считает их поведение грешным. Что касается порядка, то воскресное богослужение следует строго установленным правилам. А молитвенное служение членов ячеек или встречи дома у членов церкви, соблюдая основную структуру, которая включает проповедь, молитвы и прославление, все же могут проходить по-разному, в зависимости от обстоятельств. Хотя придерживаться правил необходимо, Бог все же допускает некоторые отклонения с учетом обстоятельств и меры веры. В таких случаях духовный смысл благодарственного приношения может делаться с закваской.

Почему Бог запрещает добавлять мед?

Так же как закваска, мед может испортить муку высокого качества. Здесь мед – это сладкий сироп, который производился из сока фиников в Палестине. Он легко мог забродить и заплесневеть. Именно по этой причине Бог запрещал добавлять мед в муку, чтобы сохранить ее от гниения. И еще Он говорил нам, детям Божьим, что прославление и приношения Ему должны делатся от чистого сердца, без обмана и колебаний.

Люди могут подумать, что, добавляя мед в приношение, они этим улучшают его. Однако не важно, что хорошо по мнению человека. Бог желает получить то, что Он повелевает жертвовать, и то, что человек обещал Ему дать. Некоторые люди в начале дают слово принести нечто значительное, но, когда обстоятельства меняются, они меняют свое решение и приносят совсем другое. Бог не любит, когда люди меняют свои решения относительно Божьих повелений или же ради собственной выгоды не исполняют обещаний, данных Ему под водительством Святого Духа. По этой причине, если человек обещал принести в жертву животное, он обязан это сделать непременно. В Книге Левит, 27:9-10, об этом написано так: «Если же то будет скот, который приносят в жертву Господу, то все, что дано Господу, должно быть свято: не должно выменивать его и заменять хорошее худым, или худое хорошим; если же станет кто заменять скотину скотиною, то и она и замен ее будет святынею».

Бог хочет от нас, чтобы мы хранили сердце в чистоте для Него, не только тогда, когда благодарим, но во всем. Если в сердце человека есть сомнения или лукавство, то эти неприемлемые для Бога качества все равно проявятся.

К примеру, Царь Саул пренебрегал повелениям Бога, изменял их по собственному усмотрению. И как результат, отказался повиноваться Богу. Бог повелел Саулу поразить Амалека, истребить всех людей и животных. Однако, победив

Божьей силою, Саул ослушался Бога. Он пожалел царя Агага, а также сохранил лучший скот своих врагов. Даже после того, как Саул был обличен, он не раскаялся, а продолжал проявлять неповиновение, поэтому в конечном счете Бог отвернулся от него.

В Книге Чисел, 23:19, говорится: «Бог не человек, чтоб Ему лгать, и не сын человеческий, чтоб Ему изменяться. Он ли скажет и не сделает? будет говорить и не исполнит?». Чтобы порадовать Бога, мы должны очистить свое сердце. Не имеет значения, что по мнению человека хорошо, каковы его личные размышления, он никогда не должен делать того, что Бог запрещает, и так должно быть всегда, сколько бы не прошло времени. Когда человек повинуется Божьей воле, хранит сердце чистым и неизменным, тогда Бог радуется. Он принимает приношения и благославляет такого человека.

В Книге Левит, 2:12, мы читаем: «Как приношение начатков приносите их Господу, а на жертвенник не должно возносить их в приятное благоухание». Приношение должно приятно благоухать, чтобы Бог принял его с радостью. Здесь же Бог говорит нам, что хлебное приношение (с закваской или медом) не должно быть положено на алтарь и предано всесожжению. Цель нашего хлебного приношения — это не действие, а благоухания наших сердец, которое мы возносим к Богу.

Каким бы ценным ни было пожертвование, если оно не было сделано с добрым сердцем, которое угодно Богу, оно может стать благоуханием для человека, но не для Бога. Точно так же, как подарки родителям от детей, сделанные не формально, а с сердцем, полным признательности и любви, в знак благодарности за то, что им дали жизнь и вырастили с любовью, приносят истинную радость для родителей.

По тем же причинам Бог не хочет, чтобы мы жертвовали просто по привычке, успокаивая себя тем, что вы сделали то, что должны были. Он хочет, чтобы наши сердца благоухали, наполнившись верой, надеждой и любовью.

2) «Соли солью»

В Книге Левит, 2:13, читаем: «Всякое приношение твое хлебное соли солью, и не оставляй жертвы твоей без соли завета Бога твоего: при всяком приношении твоем приноси соль». Соль растворяется и предотвращает порчу еды, придает ей вкус.

Духовное значение «соли солью» означает «примирение». Чтобы придать вкус еде, требуется, чтобы соль полностью растворилась в ней: точно так же от тех, кому отведена роль «соли», чтобы нести мир, требуется полное самопожертвование и отречение от собственного «я». Поэтому Божье повеление о том, чтобы хлебное приношение было посолено, означает, что, принося жертву Богу, мы должны пожертвовать собой для того, чтобы нести мир.

Для этого мы должны принять Иисуса Христа и быть в мире с Богом, избавляясь от греха, порока, блуда и прежних себя, вплоть до пролития крови.

Допустим, кто-то осознанно совершает отвратительные в глазах Бога грехи, а после этого, не покаявшись в содеянном, приносит пожертвование Богу. Бог не может принять такой жертвы с радостью, потому что между этим человеком и Богом нарушен мир. Вот почему Псалмопевец пишет: «Если бы я видел беззаконие в сердце моем, то не услышал бы меня ГОСПОДЬ» (Псалом 65:18). Бог с радостью примет не только нашу молитву, но и наши жертвоприношения после того, как мы избавимся от грехов, будем в мире с Ним и принесем Ему наши пожертвования.

Быть в мире с Богом означает, что каждый из нас должен пожертвовать собой ради этого. Точно так, как говорил о себе апостол Павел: «Я каждый день умираю». Только тогда, когда человек отрешится и пожертвует себя самого, он обретет мир с Богом.

А еще мы должны быть в мире с нашими братьями и сестрами по вере. В Евангелии от Матвея, 5:23-24, Иисус завещал нам: «Итак, если ты принесешь дар твой к жертвеннику и там вспомнишь, что брат твой имеет что-нибудь против тебя, оставь там дар твой пред жертвенником, и пойди прежде примирись с братом твоим, и тогда приди и принеси дар твой». Бог не примет наши приношения, если мы грешим, совершаем злодеяния и причиняем страдания нашим братьям и сестрам во Христе.

Даже если брат совершил злое против нас, мы не должны ненавидеть его или обижаться на него. Наоборот, нам следует простить его и быть в мире с ним. Независимо от причин, мы ни с кем не должны быть в разладе или конфликтовать, мы не можем причинять никому вред, нельзя допустить того, что из-за нас могут оступиться наши братья и сестры во Христе. Только после того, как мы примиримся со всеми и наши сердца наполнятся Святым Духом, радостью и благодарностью, наши жертвоприношения будут «посолены солью».

И еще: Божье повеление «соли солью» по сути означает завет, что подтверждается словами «соль завета нашего Бога». Соль добывается из морской воды, а вода означает Слово Божье. Так же, как соль всегда имеет соленый вкус, так и завет Слова Божьего неизменен всегда.

«Солить солью» пожертвование, которое мы приносим, означает то, что мы должны всем сердцем полагаться на неизменный завет верного Бога. Давая благодарственное приношение, мы должны верить в то, что Бог несомненно вознаградит нас мерою утрясенною, нагнетенною и переполненною и благословит нас в 30, 60 и 100 раз больше того, что мы даем.

Некоторые люди говорят: «Я жертвую, не ожидая получить взамен благословения». Безусловно Богу более угодны те верующие, которые жаждут Его благословений со смирением. В Послании к Евреям, 11, рассказывается о том, как Моисей отказался называться сыном дочери фараоновой и занять место принца Египта, он искал Божьего вознаграждения, что и было дано ему. Наш Иисус, Который достоин наград, не сопротивлялся против унижений на кресте. Ожидая великой награды – Божьей славы, которая была дана Ему, и спасения человечества, Иисус смог перенести страшные муки на кресте.

Безусловно, учитывая разность сердец, «ожидание вознаграждения» после сделанного пожертвования у разных людей может проявляться по-разному. Даже если вознаграждения нет, тот, кто любит Бога, все равно будет готов к тому, чтобы пожертвовать жизнью ради Него. В любом случае, человек, зная сердце нашего Бога Отца, Который хочет благословить каждого, и, веря во всемогущество Бога, будет радовать Его своими поступками. Бог обещал, что то, что человек посеет, то он и пожнет, что он просит, то и будет дано ему. Бог радуется нашим жертвам, принесенным с верой в Его Слово, и тому, как мы с верой просим Его благословений согласно Его обещанию.

В то время как жертва всесожжения полностью приносится на алтарь, хлебная жертва отдается священнику и только часть от нее сжигается на алтаре. Это означает, что мы проводим разные богослужения, приносим Ему жертвы из благодарности, а хлебное приношение не сжигается полностью, то есть часть приношения используется священниками, слугами Господа и теми, кто работает в церкви для распространения Царства Божьего и правды Его. В Послании к Галатам, 6:6, сказано: «Наставляемый словом, делись всяким добром с наставляющим». Когда члены церкви получают благодать от Бога, принося благодарственную жертву, то делятся полученной благодатью с Божьими слугами, которые учат их Слову.

Хлебное приношение наряду с жертвой всесожжения является той моделью жизненного служения, которой следовал Христос. Поэтому мы должны жертвовать с верой, искренне, от всего своего сердца. Я надеюсь, что каждый читатель станет поклоняться Богу в соответствии с Божьей волей и будет получать благословения с избытком каждый день, издавая благоухание, угодное Богу.

Глава 5

Жертва мирная

«Если жертва его жертва мирная, и если он приносит из крупного скота, мужеского или женского пола, пусть принесет ее Господу, не имеющую порока»

Книга Левит, 3:1

1. Многозначительный смысл мирной жертвы

В третьей главе Книги Левит изложены нормы и правила относительно мирной жертвы. Мирная жертва включает в себя умерщвлённое животное без каких-либо дефектов, кровь которого разбрызгивается вокруг алтаря, а тук этого животного сжигается на алтаре, распространяя благоухание перед Богом. Хотя процесс мирной жертвы схож с жертвой всесожжения, в то же время есть некоторые различия. Некоторые люди не понимают цели мирной жертвы, думая таким образом получать прощение грехов. На самом деле для прощения грехов приносятся жертвы повинности и жертвы за грех.

Мирная жертва — это жертва, которая приносится, чтобы установить мир между Богом и нами, она позволяет выразить свою благодарность Богу, а также добровольно дать обет Ему. Через жертвы за грех и жертвы всесожжения люди, получив прощение грехов, выходили на прямое и личное общение с Богом. Смысл же мирной жертвы заключается в том, чтобы установить мир с Богом и иметь возможность всецело уповать на Него каждое мгновение нашей жизни.

Хлебное приношение, которое описано во второй главе Книги Левит и которое рассматривается как традиционное выражение благодарности Богу, отличается от мирной жертвы, хотя она тоже приносится в знак благодарности. Хлебная жертва — это традиционное приношение в знак благодарности Богу, который хранит, защищает и даёт нам ежедневно хлеб насущный. Кроме этого, мы делаем пожертвования из благодарности по воскресеньям, ещё мы отдельно благодарим, когда на то у нас есть особые причины. Мирные жертвы – это приношения, добровольно отданные Богу и радующие Его, отличаются от других и свято чтятся. Они приносятся для того, чтобы жить по Божьему Слову и получать от Него ответы на молитвы о желаниях своего сердца.

В то время как мирная жертва имеет многозначительный смысл, наиважнейшая ее цель заключается в том, чтобы быть с Богом в мире. Если мы с Ним в мире, Он даст нам силу, чтобы жить в истине, ответит на молитву о желаниях нашего сердца, Он даст нам благодать, чтобы исполнить обеты, данные Ему.

Как сказано в Первом послании Иоанна, 3:21-22: «Возлюбленные! если сердце наше не осуждает нас, то мы имеем дерзновение к Богу, и, чего ни попросим, получим от Него, потому что соблюдаем заповеди Его и делаем благоугодное пред Ним». Итак, если мы «имеем дерзновение к Богу», живя согласно истине, у нас будет мир с Ним, мы увидим Его деяния, совершаемые в ответ на наши прошения. Можете ли вы представить, насколько быстро Бог ответит и благословит нас, если мы угодим Ему своими особыми приношениями?

Следовательно, очень важно, чтобы мы правильно понимали смысл хлебного приношения и мирной жертвы, мы также должны понимать разницу между хлебной жертвой и мирной жертвой, тогда Бог с радостью примет все наши приношения.

2. Приношение мирной жертвы

В Книге Левит, 3:1, Бог говорит нам: «Если жертва его жертва мирная, и если он приносит из крупного скота, мужеского или женского пола, пусть принесет ее Господу, не имеющую порока». Чтобы ни приносилось в качестве мирной жертвы, ягненок или козел, будь жертва мужского или женского пола, она должна быть без порока (Книга Левит, 3:6,12).

В качестве жертвы всесожжения следует приносить либо тельца, либо ягненка, мужского пола и без порока. Суть в том, что безупречность жертвы всесожжения в духовном плане символизирует Иисуса Христа, непорочного Божьего Сына.

Однако если мы приносим Богу мирную жертву, желая иметь мир с Ним, то, если жертва без порока, то ее пол не имеет значения. Нет никакой разницы между мужским и женским полом жертвы, когда приносится мирная жертва. В этой связи в Послании к Римлянам, 5:1, говорится: «Итак, оправдавшись верою, мы имеем мир с Богом через Господа нашего Иисуса Христа». В мире, который мы достигли с Богом, через кровь Иисуса, пролитую на кресте, нет различий между мужским и женским полом.

Когда Бог повелевает нам приносить жертву «без порока», Он ждет, что мы придем к Нему не со сломленным духом, а как Его прекрасные дети с чистым сердцем. Мы должны делать пожертвования не через силу и не ища одобрения других, а только добровольно и с верой. Мы поймем, что значит приносить жертву без порока, если будем делать пожертвования из благодарности Богу за данную нам благодать спасения. Давая приношения Богу, мы тем самым доверяем Ему каждый аспект своей жизни, Он же, в таком случае, будет всегда с нами и защитит нас, а мы сможем жить согласно Его воле. Наши приношения должны быть лучшими из лучших, из того, что мы можем дать и отданы с величайшей любовью и от всего сердца.

Если мы сравним жертву всесожжения и мирную жертву, то заметим любопытный факт: из возможных способов мирного жертвоприношения исключены голуби. Почему так? Чтобы дать возможность и бедным людям совершить жертву всесожжения, Бог разрешил принести в жертву голубей, они стоили недорого.

К примеру, когда новообращенный христианин, у которого пока еще немного веры и она слаба, посещает только воскресные богослужения, Бог приравнивает это к жертве всесожжения. В то время как полноценная жертва всесожжения дается Богу, когда верующие живут полностью по Слову Божьему, сохраняют непосредственное и личное общение с Богом, а также молятся в духе и истине, то в случае с неофитом, вера которого пока лишь хранит День Господень, Бог будет рассматривать это как приношение голубя по малой цене в качестве жертвы всесожжения и будет вести этого человека на путь спасения.

Мирная жертва — это необязательное приношение, она приносится добровольно. Мирное пожертвование делается человеком, который, угодив Богу, получил ответы и благословения от Него. Поэтому, если будет пожертвован голубь, который стоит недорого, то в этом случае теряется смысл, она перестает быть особенным приношением. Вот поэтому голубь был исключен из списка мирных жертв.

Предположим, человек захотел сделать приношения, в соответствии с данным им обетом или сильным желанием получить от Бога исцеление от неизлечимой или смертельной болезни. С каким сердцем должно быть сделано это пожертвование? Оно должно быть подготовлено не просто от всего сердца, оно должно отличаться от обычного благодарственного приношения. Богу будет более угодно, если мы предложим Ему тельца мужского пола, в зависимости от возможностей каждого человека, или корову женского пола, ягненка или козу, а вот ценность голубя в качестве мирного приношения не будет значительна.

Безусловно, нельзя сказать, что «ценность» приношения зависит полностью от денежного эквивалента. Если человек готовится сделать приношение всем сердцем и всем разумом своим, с максимальным старанием, исходя из своих возможностей, то Бог оценит его приношение, исходя из духовного благоухания, которое исходит от него.

3. Вознесение мирной жертвы

1) Возложение руки на голову мирной жертвы и умерщвление ее перед входом в скинию собрания

Если человек, который принес пожертвование, перед входом в скинию собрания возлагал свою руку на голову жертвы, то в этом случае он переносил свои грехи на животное. Когда человек, приносящий мирную жертву, возлагал свою руку на приношение, тем самым он отделял это жертвенное животное, как приношение, помазанное для Бога.

Чтобы наши жертвоприношения, на которые мы возлагаем руки, были угодны Богу, мы, определяя их ценность, должны руководствоваться не плотскими мыслями, а водительством Святого Духа. Именно такие жертвоприношения будут с радостью приняты Богом, они будут отделены и освящены.

После возложения рук на голову жертвы, тот, кто делает жертвоприношение, умерщвляет животное перед входом в скинию собрания. Во времена Ветхого Завета только священники могли войти в Святая Святых, люди же умерщвляли животных перед входом в скинию собрания. В наши дни, когда стена греха между нами и Богом разрушена Иисусом Христом, мы можем входить в Святая Святых, молиться Богу, иметь непосредственное и личное общение с Ним.

2) Сыны Аароновы, священники, покропят кровью жертвенник со всех сторон

В Книге Левит, 17:11, мы читаем: «Потому что душа тела в крови, и Я назначил ее вам для жертвенника, чтобы очищать души ваши, ибо кровь сия душу очищает». А также в Послании к Евреям, 9:22, написано: «Да и все почти по закону очищается кровью, и без пролития крови не бывает прощения». Это напоминает нам то, что только кровью мы можем очиститься. Принося мирную жертву Богу, чтобы установить непосредственное и личное духовное общение с Богом, окропление кровью необходимо. Так как мы те, у которых отношения с Богом были разорваны, которые никогда бы не обрели мир с Ним, если бы не кровь Иисуса Христа.

Окропление кровью вокруг алтаря, которое совершают священники, означает, что, куда бы мы ни направляли свои стопы и какие бы ни были у нас обстоятельства, мир с Богом всегда может быть обретен.

Тот факт, что алтарь окроплен кровью со всех сторон, символизирует, что Бог всегда с нами, Он сопровождает нас везде, хранит нас, благословляет нас, куда бы мы ни шли, чтобы мы ни делали и с кем бы мы ни были.

3) Мирная жертва и жертва всесожжения ГОСПОДУ

В третьей главе Книги Левит даны подробные разъяснения о том, как приносить мирные жертвы из волов, овец и коз. Так как методы практически схожи, то остановимся на волах в качестве мирной жертвы. В отличии от мирной жертвы, при совершении жертвы всесожжения, все части жертвенного животного, как нам известно, отдаются Богу. В духовном понимании жертва всесожжения символизирует служение прославления, а так как прославление возносится только Богу, то все приношения сжигаются целиком.

Однако когда приносится мирная жертва, то отдается только часть жертвенного животного. В Книге Левит, 3:3-4, мы читаем: «И принесет он из мирной жертвы в жертву Господу тук, покрывающий внутренности, и весь тук, который на внутренностях, и обе почки и тук, который на них, который на стегнах, и сальник, который на печени; с почками он отделит это». Тук, который покрывает важнейшие внутренности животного, предлагается Богу в качестве приятного благоухания. Отдавая тук с разных частей внутренностей жертвенного животного, мы показываем, что хотим быть в мире с Богом, где бы мы ни находились и в каких бы обстоятельствах ни прибывали.

Кроме того, пребывание в мире с Богом предполагает, что мы будем в мире со всеми людьми и будем стремиться к святости. Только тогда, когда мы будем в мире со всеми, мы станем настоящими Божьими детьми (Евангелие от Матвея, 5:46-48).

После того как отделен тук, который предназначается для жертвоприношения Богу, отбираются те части жертвенного животного, которые отдаются священникам. В Книге Левит, 7:34, говорится: «Ибо Я беру от сынов Израилевых из мирных жертв их грудь потрясания и плечо возношения, и отдаю их Аарону священнику и сынам его в вечный участок от сынов Израилевых». Точно так же, как из хлебной жертвы часть оставляется священнику, так же и из мирной жертвы, которую люди приносят Богу, часть отдается на пропитание священникам и левитам, которые служат Богу и Его народу.

То же самое и во времена Нового Завета. Божья работа по спасению душ осуществляется через жертвоприношения верующих, которые в свою очередь так же дают пропитание служителям Господа и церковным работникам. После того как извлекается доля, которая предназначена Богу и священникам, остаток употребляется теми, кто сделал данное жертвоприношение. Это исключительная особенность мирной жертвы. Тот, кто сделал жертвоприношение, затем съедал остаток в знак того, что, если он получит ответы на свои молитвы и благословения от Бога, это будет означать, что его приношение было угодно Богу и порадовало Его.

4. Правило тука и крови

Священник окроплял вокруг алтаря кровью умерщвленного животного, принесенного в жертву Богу. Все внутреннее сало и тук принадлежали ГОСПОДУ, они считались сакральными и предназначались для сжигания на алтаре, чтобы угодить Богу приятным благоуханием. Во времена Ветхого Завета не ели тука и ничего с кровью, потому что и тук, и кровь связаны с жизнью. Кровь представляет собой жизнь плоти, а тук, или жир, — это основа тела, то же самое, что есть жизнь. Жир способствует бесперебойной жизнедеятельности организма и жизненной активности.

Каков духовный смысл хранения тука?

«Тук», или «жир», в данном контексте трактуется в значении особой заботы, присущей совершенному сердцу. Отдавая Богу тук в качестве жертвы всесожжения, мы отдаем Ему все, что имеем, все то, чем являемся на самом деле. Это такое приношение, которое делается с особой заботой и от всего сердца, которое достойно того, чтобы быть принятым Богом. Важно не только само содержимое благодарственного жертвоприношения, которое принесено на алтарь, чтобы обрести мир с Богом, угодить Ему или всецело посвятить себя служению Ему. Гораздо важнее то, с каким сердцем и с какой заботой это было сделано. Если же в Божьих глазах приношение сделано человеком, который совершил неблаговидный поступок, но он стремится к миру с Ним, то приношение должно быть сделано с величайшей самоотдачей и безупречным сердцем.

Безусловно, прощение греха требует жертвы за грех, или жертвы повинности. Однако бывают случаи, когда человек надеется, сделав все возможное и невозможное для того, чтобы получить не только прощение греха, но и, угождая Богу, быть с Ним в подлинном мире. Скажем, если ребенок своим поступком ранил сердце отца, но не просто говорит, что сожалеет о сделанном, а всеми силами старается порадовать его, чтобы получить прощение, в таком случае отцовское сердце растает – и мир между ними будет восстановлен.

Кроме того, «тук» также указывает на молитву в полноте Святого Духа. В Евангелии от Матвея, в 25-й главе, рассказывается о пяти мудрых девах, которые взяли светильники и позаботились о том, чтобы в сосудах было масло к ним, а другие пять были неразумными и не взяли сосуды с маслом, из-за чего не попали на брачный пир. В данном случае под «маслом» подразумевается молитва в полноте Святого Духа. Только тогда, когда мы получим полноту Святого Духа через молитвы и пробуждение, мы сможем избежать мирских похотей и ожидать встречи с нашим Господом, Женихом, приготовив себя в качестве Его прекрасных невест.

Молитва должна сопровождать мирную жертву, которая дается Богу, чтобы угодить Ему и получить Его ответы. Эта молитва не должна быть формальной. Мы должны молиться от всего нашего сердца, отдавая ей все, что у нас есть и чем мы являемся на самом деле. Когда Иисус молился в Гефсиманском саду, Его пот как капли крови падал на землю. Тот, кто сможет молиться так же, действительно победит грех и избавится от него, став освященным, получит водительство и полноту Святого Духа. Такой человек, когда принесет Богу мирную жертву, угодит Ему и получит Его ответы без промедления.

Мирная жертва – эта жертва, принесенная Богу с безраздельным доверием, она позволяет нам жить жизнью со смыслом в Его присутствии и под Его защитой. Принося мирную жертву, нам следует отрешиться от всего того, что не угодно Ему, мы должны делать наши жертвоприношения от всего сердца и радостно, чтобы получить полноту Святого Духа через молитву. И тогда мы наполнимся надеждой на Небеса и, имея мир с Богом, будем жить жизнью победителей. Я надеюсь, что каждый читатель всегда сможет получить ответы от Бога и Его благословения благодаря искренним молитвам под водительством и в полноте Святого Духа, принося мирную жертву, которая будет угодна в глазах Бога.

Глава 6

Жертва за грех

«Скажи сынам Израилевым: если какая душа согрешит по ошибке против каких-либо заповедей ГОСПОДНИХ и сделает что-нибудь, чего не должно делать; если священник помазанный согрешит и сделает виновным народ, – то за грех свой, которым согрешил, пусть представит из крупного скота тельца, без порока, ГОСПОДУ в жертву о грехе».

Книга Левит, 4:2-3

1. Многозначительный смысл и типы жертвы за грех

По вере нашей в Иисуса Христа и благодаря Его крови нам прощены все грехи и обещано спасение. Однако, чтобы наша вера была признана истинной, мы не только должны провозглашать на словах «я верую», но и подкреплять веру делами и своей правдивостью. Когда мы совершаем определенные поступки пред Богом в доказательство своей веры, которую признает Бог, то Он, видя, какова наша вера, простит нам наши грехи.

Как можно получить прощение грехов по вере? Безусловно, все Божьи дети должны всегда ходить во свете и никогда не грешить. Однако если между Богом и верующим есть стена, которая возникла тогда, когда человек еще был не совершенен и грешил, то в таком случае верующему нужно знать, что делать и как поступать соответственно. Божье Слово поможет найти решения, касающиеся жертвы за грех.

Жертва за грех, как мы прочли, это приношение Богу, которое делается во искупление грехов, которые мы совершили в жизни, а также тех обязанностей, которые Бог возлагает на нас, тем самым измеряя веру каждого из нас. В четвертой главе Книги Левит рассматривается жертва за грех, которая приносится помазанным священником, всей общиной, лидером и обычными людьми.

2. Приношение за грех помазанного священника

В Книге Левит, 4:2-3, Бог сказал Моисею: «Скажи сынам Израилевым: если какая душа согрешит по ошибке против каких-либо заповедей ГОСПОДНИХ и сделает что-нибудь, чего не должно делать; если священник помазанный согрешит и сделает виновным народ, – то за грех свой, которым согрешил, пусть представит из крупного скота тельца, без порока, ГОСПОДУ в жертву о грехе».

Здесь под «сынами Израиля» в духовном плане имеются в виду все Божьи дети. Под словами «если какая душа согрешит по ошибке против каких-либо заповедей ГОСПОДНИХ и сделает что-нибудь, чего не должно делать» имеются в виду те случаи, когда нарушается Закон Божий, то есть Его Слово, записанное в 66 книгах Библии.

Когда священник, говоря современным языком, пастор, который проповедует и возвещает Божье Слово, преступает Закон Божий, то его грех ложиться и на остальных людей. Если он не учит свою паству истине или сам не живет по ней, и даже если он грешит неосознанно, это – смертельный грех и позор для пастора, не познавшего Божью волю.

К примеру, если пастор неверно трактует истину, и паства, веря его словам, игнорирует Божью волю, тогда стена греха вознесется между всей церковью и Богом. Бог говорил нам: «будьте святы», «удерживайтесь от всякого рода зла» и «непрестанно молитесь». Что если пастор утверждает, что «Иисус искупил нас от всех грехов. И если мы ходим в церковь, то мы спасены»? В Евангелии от Матвея, 15:14, Иисус говорит: «Если слепой ведет слепого, то оба упадут в яму». Расплата за грех пастора очень велика, потому что он сам и паства вместе с ним будут отделены от Бога. Итак, если священник согрешит, «сделает виновным народ», то должен принести Богу жертву за грех.

1) Телец мужского пола без пороков как приношение для жертвы за грех

Итак, согрешивший помазанный священник «делает виновным народ», поэтому он должен помнить, что расплата за его грех велика. В Первой Книге Царств, 2-4, мы читаем о том, что случилось, когда сыновья Илии, священника, грешили, забирая себе то, что приносилось в жертву Богу. После того как Израиль проиграл войну с филистимлянами, сыновья Илии были убиты и 30 тысяч израильских солдат погибли. И даже Ковчег Завета был отнят у них, и весь народ Израиля оказался наказанным.

Поэтому искупительная жертва должна быть более ценной, чем другие, а именно: телец мужского пола без пороков. Среди всех жертвоприношений Богу предпочтительнее всего телец или ягненок мужского пола, но телец лучше. Очень важно, чтобы священник принес в качестве жертвы за грех не любого тельца, а только мужского пола и без дефекта. На духовном уровне это означает то, что жертвоприношение нельзя делать нехотя или без радости, каждое приношение должно быть по-настоящему живой жертвой.

Жертвоприношение за грех

В качестве жертвы за грех священник подводил тельца к входу в скинию собрания перед ГОСПОДОМ, возлагал руки на него, закалывал его, брал немного крови тельца и вносил в скинию, затем окунал свой палец в кровь и окроплял семь раз перед ГОСПОДОМ, перед завесою святилища (Книга Левит, 4:4-6). Возложение рук на голову тельца означает, что человеческий грех переходит на жертвенное животное. Пока человек, совершивший грех, не возложит руку на голову жертвы, он подлежит смерти. После возложения рук он получает прощение грехов, которые переносятся на жертвенное животное, которое затем будет заколото.

Итак, после этого священник брал немного крови, окуная в нее палец, разбрызгивал в святилище внутри скинии собрания, перед завесою святилища. «Завеса святилища» — это тонкая штора, которая отделяет святилище от Святая Святых. Жертвоприношение, как правило, происходило не внутри святилища, а на жертвеннике перед входом в скинию, однако потом священник входил в святилище с кровью жертвенного животного, которую разбрызгивал перед завесой святилища, прямо перед Святая Святых, которая есть Божья обитель.

Погружение пальца в кровь является символом ходатайства о прощении. Это также означает, что человек кается не только устами и не просто дает обещания, а приносит плоды покаяния, действительно избавляясь от греха и всякого зла. Погружение пальца в кровь и окропление «семь раз» означает, что человек полностью отвергает грехи, ведь «семь» известно в духовном мире как число совершенства. Итак, истинное прощение можно получить только тогда, когда полностью отрешишься от грехов и не будешь грешить вновь.

Священник также «возложит крови тельца пред ГОСПОДОМ на роги жертвенника благовонных курений, который в скинии собрания, а остальную кровь тельца выльет к подножию жертвенника всесожжений, который у входа скинии собрания» (Книга Левит, 4:7). Жертвенник благовонных курений, или жертвенник кадильный, то место, где сжигаются благовония; когда они загораются, Бог принимает их благоухание. К этому можно добавить, что роги в Библии олицетворяют царя, его величие и власть, они также подразумевают Царя Небесного, нашего Бога (Откровение Иоанна Богослова, 5:6). Возложение крови на роги жертвенника благовонных курений рассматривается как знак того, что жертвоприношение принято Богом, нашим Царем.

Как мы должны каяться в наши дни, чтобы Бог принял наше покаяние? Как уже было упомянуто ранее, очищение от греха и зла получали, опустив палец в кровь жертвенного животного, которой затем окропляли в святилище. После того как человек вспомнит о содеянном и раскается в грехах, он должен войти в святилище и в молитве исповедовать свой грех. Точно так же как кровь жертвенного животного возлагалась на роги перед Богом, чтобы Он принял ее, нам следует предстать пред нашим Царем Небесным, Которому принадлежит вся власть, и помолиться Ему о покаянии. Мы должны войти в святилище, преклонить колени и молиться во имя Иисуса Христа под водительством Святого Духа, Который позволит сойти на нас духу покаяния.

Речь не идет о том, что нужно ждать того момента, когда мы сможем пойти в святилище, чтобы покаяться. Как только мы поняли, что сделали что-то неверное перед Богом, мы немедленно должны покаяться и сойти с неверного пути. А посещать святилище — значит соблюдать субботу, День Господень.

Если во времена Ветхого Завета только помазанный священник мог говорить с Богом, то сейчас, когда Святой Дух обитает в сердце каждого из нас, мы можем молиться, напрямую обращаясь к Богу и выстраивая с Ним личные отношения благодаря водительству Святого Духа. Личная молитва покаяния может также совершаться под водительством Святого Духа. Не забывайте, однако, что все ваши молитвы будут полноценными, если вы храните День Господень.

Человек, который не соблюдает День Господень, не может считать себя духовным Божьим чадом, и он не сможет получить прощение, даже если будет молиться о покаянии. Покаяние без сомнений будет принято Богом не только тогда, когда человек признает себя грешником и кается в молитве, но и тогда, когда он кается с соблюдением всех правил в святилище в День Господень.

После того как часть крови тельца возлагалась на роги жертвенника благовонных курений, остаток выливался к подножию жертвенника всесожжений. То есть вся кровь без остатка отдавалась Богу, а кровь, как мы помним, есть сама жизнь. В духовном смысле это означает, что мы искренне раскаиваемся, от всего сердца. Для того чтобы получить отпущение грехов, которые были совершены против Бога, мы должны покаяться всем сердцем, всем разумением, всей крепостью своей. Тот, кто по-настоящему покается перед Богом, не должен повторно совершать те же самые грехи.

Далее священник, принося жертву за грех, доставал весь тук из тельца и клал его на жертвенник всесожжений, точно так же, как и при мирной жертве. Мясо же тельца, голову, ноги, внутренности выносил за пределы стана, туда, где хоронится пепел, и сжигал (Книга Левит, 4:8-12). «Жертва всесожжения» символизирует разрушение в истине всего эгоистичного, чтобы выжила только истина.

Как было упомянуто выше, и при мирной жертве, и в жертве за грех тук вынимается и сжигается на жертвеннике. Сжигание тука тельца понимается нами в том смысле, что только покаяние от всего сердца, разумения и всею крепостью своей будет принято Богом.

В то время как все части жертвы всесожжения сжигаются на жертвеннике, в приношении за грех, все, кроме тука и почек, выносится за пределы стана и сжигается на дровах, там, где обычно закапывают пепел. Почему так?

Так как жертва всесожжения — это духовное поклонение с целью угодить Богу и выстроить личные отношения с Ним, то она приносилась на жертвеннике в скинии. А вот жертвоприношение за грех — это избавление от грехов, поэтому оно не могло происходить в скинии – и выносилось подальше от того места, живут люди.

В наши дни мы также должны стремиться к тому, чтобы полностью избавиться от грехов, в которых каемся перед Богом. Мы должны сжечь в огне Святого Духа высокомерие, гордыню, все то старое, мирское, что есть в нас, поступки греховного тела, все то, что неуместно перед Богом. Жертва, в данном случае телец, принесенный для сжигания, принимала на себя грехи человека, возложившего на нее руку. Таким образом, человек с того момента выступает в качестве живой жертвы перед Богом, которая угодна Ему.

А что нам следует делать сегодня?

Многозначительный духовный смысл, заключенный в качествах жертвенного тельца и Иисуса, Который умер, чтобы освободить нас от греха, уже разъяснялся ранее. Таким образом, если мы раскаиваемся и сжигаем все части жертвы, то с того момента, как жертвоприношение сделано Богу, мы должны измениться и следовать путем Господа, Который Сам стал жертвой за грех. Усердно служа членам церкви от имени Господа, мы должны помочь верующим облегчить бремя их тягот, дать им возможность познать только то, что истинно и благо. Помогая членам церкви в том, чтобы они со слезами покаяния, упорством и молитвами возделывали поле своего сердца, мы должны способствовать и тому, чтобы братья и сестры начали меняться и стали истинно освященными детьми Божьими. И тогда Бог примет покаяние как истинное и направит нас дорогой благословений.

Пусть даже мы не будем служителями, о верующих в Первом послании апостола Петра, 2:9, написано: «Но вы – род избранный, царственное священство, народ святой, люди, взятые в удел, дабы возвещать совершенства Призвавшего вас из тьмы в чудный Свой свет». Все мы, кто верит в Господа, должны стать совершенными, как священники, стать истинными детьми Божьими.

И еще, жертвоприношение Богу должно сопровождаться раскаянием, которое приведет к искуплению грехов. Каждый, кто глубоко сожалеет и раскаивается в содеянном, вполне естественно, стремится к тому, чтобы сделать жертвоприношение, и если этот поступок совершается с добрым сердцем, то пред Богом он будет признан полным покаянием.

3. Жертва за грех всей общины

«Если же все общество Израилево согрешит по ошибке и скрыто будет дело от глаз собрания, и сделает что-нибудь против заповедей ГОСПОДНИХ, чего не надлежало делать, и будет виновно, то, когда узнан будет грех, которым они согрешили, пусть от всего общества представят они из крупного скота тельца в жертву за грех и приведут его пред скинию собрания» (Книга Левит, 4:13-14).

В наши дни под грехом «всего общества Израилева» подразумеваются грехи всей церкви. К примеру, когда в церкви возникают разногласия между пасторами, старейшинами, старшими диаконисами, это создает проблемы для всей паствы. Как только появляются распри и конфликты, то в них неизбежно втягивается большинство членов церкви, которые становятся недоброжелательны друг к другу, испытывают взаимную неприязнь, и в итоге возникнет высокая стена греха между ними и Богом.

Не даром же, Бог велит нам любить своих врагов, служить другим, смирять себя, быть в мире со всеми и стремиться к святости. Представьте себе, как это стыдно и неловко, когда служители Божьи, паства, братья и сестры во Христе втянуты в разногласия, противостоят друг другу. Если такое случается в церкви, то она теряет Божью защиту. В такой церкви не будет пробуждения, у членов церкви появятся трудности в их домах и делах.

Каким образом приход может получить прощение греха? Если станет известно о грехе, в который был втянут церковный приход, то в этом случае нужно привести тельца к скинии. Старейшины затем возложат руки на голову животного, и заколют его перед ГОСПОДОМ, делая жертвоприношение Богу, как это описано с жертвой за грех священника. Итак, жертва за грех священников и прихода абсолютно идентичны по своей важности и ценности. Это означает, что в Божьих глазах грех, совершенный священниками и членами церкви, равноценен.

Однако если жертвой за грех священника должен быть телец мужского пола без дефектов, то жертвой за грех всего прихода может быть просто телец мужского пола. Объясняется это тем, что всей церкви нелегко быть в единстве сердца и сделать жертвоприношение с радостью и благодарностью.

В наши дни, если согрешила вся церковь, но она желает покаяться, это вполне возможно, несмотря на то, что среди ее членов могут быть неверующие или те, кто испытывает в своих сердцах смущение. Поскольку всем членам церкви непросто принести жертву Богу без порока, то и в этом случае Он проявляет милосердие. Даже если несколько человек не смогут принести жертву покаяния от всего сердца, но большинство раскается и отрешится от неверного пути, Бог примет жертву и простит.

Так как не все члены церкви смогут возложить руку на голову жертвы, от их имени это сделают старейшины, они возлагают руки на жертву за грех, которую приносит вся паства.

Все остальные действия идентичны жертвоприношению за грех священника, они повторяются шаг за шагом: священник погружает палец в кровь жертвенного животного, обрызгивает семь раз перед завесой Святая Святых, немного крови капает на роги жертвенника кадильного, а остатки жертвы сжигает вдали от скинии. На духовном уровне это означает полный отказ от греха. Возносить молитву покаяния и просить о прощении мы должны во имя Иисуса Христа, и тогда, благодаря деяниям Святого Духа в Божьем святилище, такое покаяние будет принято. После того как весь приход в едином порыве покается, данный грех не должен повториться никогда.

4. Жертва за грех лидера

В Книге Левит, 4:22-24, читаем:

«А если согрешит начальник, и сделает по ошибке что-нибудь против заповедей ГОСПОДА, Бога своего, чего не надлежало делать, и будет виновен, то, когда узнан будет им грех, которым он согрешил, пусть приведет он в жертву козла без порока, и возложит руку свою на голову козла, и заколет его на месте, где заколаются всесожжения пред ГОСПОДОМ: это жертва за грех».

Церковные лидеры, хотя и рангом ниже священников, тем не менее находятся на руководящей позиции и отличаются от рядовых людей. В связи с этим, они приносят в жертву Богу козлов. Это меньше, чем телец, которого приносят священники, но больше чем коза, которую приносят в жертву за грех обычные люди.

В нынешних понятиях, лидеры – это те, кто входит церковную команду, либо возглавляет ячейки, либо это учителя воскресной школы. Кроме того, это те, кто занимает позиции наставников в церкви. В отличие от рядовых прихожан церкви или новобращенных с лидеров особый спрос перед Богом, поэтому за аналогичный грех лидеры должны принести гораздо более значимые плоды покаяния.

В прошлом лидеры возлагали руку на голову козла, у которого не было пороков, тем самым перенося грех на жертвенное животное, а затем закалывали его перед Богом. Лидеры получали прощение грехов после того, как священник обмакивал палец в кровь жертвы, наносил немного на роги жертвенника всесожжения, а остатки жертвенной крови выливал в основание жертвенника. Так же, как и в мирной жертве, тук сжигался на жертвеннике.

В отличие от священника лидер не разбрызгивал кровь жертвенного животного семь раз перед завесой Святая Святых. Он лишь, показывая свое раскаяние, наносил немного крови на роги жертвенника всесожжения, и Бог принимал это. Все это потому, что у священника и лидера разная мера веры. А чтобы священник никогда не повторял своего греха, он должен был семь раз обрызгать кровью жертвы. В духовном мире семь – это число совершенства.

Относительно лидеров допускается, что они, неосознанно, могут повторить грех, по этой причине им не велено было разбрызгивать кровь жертвы семь раз. Это знак любви и милосердия Бога, Который хочет видеть, что человек кается в соответствии с уровнем своей веры, и дать ему прощение. На сегодняшний день «священники» — это «пасторы», а «лидеры» — это «работники на руководящей позиции», к которым относится обсуждаемая тема жертвы за грех. В то же время рекомендации по поводу жертвоприношения за грех охватывают не только Богом данные поручения в церкви, но и меру веры каждого прихожанина церкви.

Пастор должен быть освящен верой и тогда ему будет доверено вести паству. Это относится, вполне естественно, и к вере наставников, будь то лидеры команды или ячейки, либо учителя воскресной школы. Даже если они еще не достигли совершенной святости, уровень их веры должен отличаться от уровня обычных верующих. Становится понятным тогда, что раз уровни веры отличаются у пастора и лидера церкви, и, в свою очередь, у простого верующего, то и требования к жертве за грех и покаянию перед Богом будут разными, несмотря на схожие грехи.

Не надо думать, что верующему можно размышлять таким образом, что раз вера моя несовершенна, то, если я согрешу и потом опять покаюсь, Бог даст мне дополнительный шанс. Если человек сознательно или охотно грешит, то он не получит Божье прощение. Оно придет, если грех был совершен неосознанно, и человек, осознав его, ищет прощения. К этому можно добавить, что однажды совершенный грех и раскаяние в нем будет принято Богом при условии, что человек искренне, от всего сердца помолится, чтобы вновь не совершать того же греха.

5. Жертва за грех простых людей

Под «простыми людьми» подразумеваются те, у кого вера еще мала или же рядовые члены церкви. Когда такие люди грешат, то они это делают по причине малой веры, поэтому и цена их жертвоприношения гораздо меньше, чем у священника или лидера. В качестве жертвы за грех они приносят козу, которая менее значима по сравнению с козлом без порока. Так как речь идет о жертве за грех священника или лидера, то священник погружает палец в кровь жертвенного животного, которое принес обычный человек, наносит немного на роги жертвенника всесожжений, а остаток выливает в основание жертвенника.

Существует вероятность того, что простой человек согрешит вновь в силу своей малой веры, однако если он будет сокрушаться, разрывая сердце в покаянии из-за совершенного греха, то Бог проявит милосердие и пошлет ему прощение. К этому можно добавить, что если Бог велит принести в жертву козу, то мы можем сказать, что получить прощение грехов, совершенных на этом уровне, легче, чем когда в жертву приносится козел или ягненок. Безусловно, это не означает, что Бог допускает в данном случае умеренное покаяние, человек должен истинно раскаяться перед Богом, обещая никогда не грешить впредь.

Когда человек с малой врой осознает свои грехи и кается в них, к тому же он попытается не повторять их вновь, то частота, с которой он может грешить, будет уменьшаться с десяти до пяти, затем до трех, и в конце концов полностью сойдет на нет. Бог принимает покаяние, которое сопровождается плодами. Он не примет покаяние даже от новообращенного, если тот не изменит своего сердца, а будет каяться только на словах.

Бог порадуется и возлюбит новообращенного, который, осознав свои грехи, сразу же покается и постарается избавляться от них. Вместо того чтобы уверять самого себя в том, что, дескать, вот такой у меня уровень веры и мне этого достаточно, надо стараться на пределе своих возможностей через покаяние, молитвы и поклонение подниматься в вере во всех сферах своей жизни во Христе. Такой человек еще больше наполнится Божьей любовью и Его благословениями.

Если кому-то не под силу принести в жертву козу, он может привести овцу без порока (Книга Левит, 4:32). Бедняк может принести двух горлиц или двух молодых голубей в жертву за грех, но если и это для него дорого, пусть пожертвует немного пшеничной муки (Книга Левит, 5:7,11). Бог справедливости рассмотрит и примет как жертву за грех в соответствии с той мерой веры, которая есть у каждого отдельного человека.

До сих пор мы обсуждали, как совершить искупление и быть в мире с Богом, изучая жертвы за грех, которые люди приносят в зависимости от их ранга и в соответствии с исполняемыми ими поручениями. Я надеюсь, что каждый читатель будет в мире с Богом, постоянно исследуя уровень своей веры и то, как он исполняет данные ему Богом поручения, будет искренне каяться во всех проступках и грехах сразу же, как только обнаружит, что на его пути к Богу встала стена греха.

Глава 7

Жертва повинности

«Если кто сделает преступление и по ошибке согрешит против посвященного ГОСПОДУ, пусть за вину свою принесет ГОСПОДУ из стада овец овна без порока, по твоей оценке, серебряными сиклями по сиклю священному, в жертву повинности».

Книга Левит, 5:15

1. Многозначительный смысл жертвы повинности

Жертва повинности приносится Богу в качестве компенсации за совершенные грехи. Согрешив перед Богом, виновные должны принести жертву повинности и покаяться перед Ним. В зависимости от того, каков был грех, верующий должен отвратить свое сердце от совершенного греха, но, кроме этого, он должен взять на себя ответственность за свое неподобающее поведение.

Например, если человек одолжил у друга какую-то вещь и случайно повредил ее, мало сказать, что он сожалеет об этом. Необходимо не только извиниться, но и возместить нанесенный ущерб. Если невозможно купить точно такую же вещь, то надо вернуть стоимость ее. И тогда это будет подлинное сожаление о содеянном.

Когда приносится жертва повинности, то тем самым восстанавливается мир между друзьями, возмещаются убытки и берется ответственность за неверный поступок. В глазах Бога это и есть плоды покаяния. Компенсируя нанесенный ущерб нашим братьям и сестрам во Христе, мы должны показать Богу, что по-настоящему сожалеем о случившемся и от всего сердца раскаиваемся в этом.

2. Обстоятельства и способы приношения жертвы повинности

1) Давая ложные свидетельства

В Книги Левит, 5:1, говорится: «Если кто согрешит тем, что слышал голос проклятия и был свидетелем, или видел, или знал, но не объявил, то он понесет на себе грех». Бывает так, что ради собственной выгоды люди нарушают клятву, в которой обещали говорить только правду, и дают ложное свидетельство.

Для примера: предположим, что ваш ребенок совершил некое преступление, в результате которого пострадал невинный человек. Если вам придется выступить в качестве свидетеля, вы уверенны, что будете давать правдивые показания? Если промолчите, защищая ребенка, то пострадают невинные; люди, конечно же, могут не знать всей правды, но Бог видит все. Вот поэтому свидетель должен давать честные показания о том, что он или она видели или слышали, чтобы состоялся справедливый суд и никто не пострадал без вины.

Точно так же в нашей повседневной жизни. Некоторые люди не могут адекватно озвучить то, что они видели или слышали, они дают неверную информацию, исходя из собственных суждений. Другие свидетельствуют, сочиняя от себя про то, что они в действительности не видели. Из-за таких ложных признаний страдают невинные люди, которых обвиняют в том, чего они не совершали и которые страдают от несправедливости. В Послании Иакова, 4:17, мы читаем: «Итак, кто разумеет делать добро и не делает, тому грех». Божьи дети, которые знают истину, обязаны отличать правду от неправды и честно свидетельствовать, чтобы не нанести урон другим и не создавать им неприятности.

Итак, мы всегда будем правдивы во всем, если в наших

сердцах обитают истина и добродетель. Не будем грубить или обвинять других, извращать правду или же отвечать неподобающим образом. В том случае, если кто-то причинит зло другим, будет избегать давать требуемые показания или станет ложно свидетельствовать, то он обязан принести Богу жертву повинности.

2) Прикоснувшись к нечистому

В Книге Левит, 5:2-3, мы читаем: «Или если прикоснется к чему-нибудь нечистому, или к трупу зверя нечистого, или к трупу скота нечистого, или к трупу гада нечистого, но не знал того, то он нечист и виновен. Или если прикоснется к нечистоте человеческой, какая бы то ни была нечистота, от которой оскверняются, и он не знал того, но после узнает, то он виновен».

Под «нечистым», на духовном уровне, здесь подразумевается лживое поведение, которое противостоит истине. Подобное поведение охватывает все, что мы видим, слышим и говорим, что чувствуем в своем теле и сердце. Есть вещи, которые, до того как мы узнали истину, не казались нам греховными. Однако познав истину, мы стали понимать, что в глазах Божьих они непристойны. К примеру, до того, как мы узнали Бога, мы вполне могли быть толерантны к насилию, непотребным вещам, в частности, к порнографии, не отдавая себе отчет в том, что они нечисты. Однако, начав жить во Христе, мы осознали, что все это не совместимо с истиной. Поняв однажды, что совершали нечистые и враждебные истине поступки, мы обязаны покаяться и принести жертву повинности Богу.

Даже живя во Христе, мы можем ненароком увидеть или

услышать что-то непристойное. Было бы здорово, если бы нам удалось защитить наши сердца от этого. Однако, вполне возможно, что верующий не сможет уберечь свое сердце от чувств, которые порождаются нечистыми вещами, и тогда он должен немедленно признать свой грех и отдать Богу жертву повинности.

3) После того, как дана клятва

Возвращаясь к Книге Левит, 5:4, мы читаем: «Или если кто безрассудно устами своими поклянется сделать что-нибудь худое или доброе, какое бы то ни было дело, в котором люди безрассудно клянутся, и он не знал того, но после узнает, то он виновен в том».

Возникает вопрос, почему Бог запрещает нам клясться, давать клятвенное обещание или присягать? Для Бога вполне естественно запрещать нам клясться, когда совершается недоброе, однако Он также не одобряет, когда дается клятвенное обещание «сделать что-то доброе», а все потому, что человек не может на все 100 процентов сдержать данное им слово (Евангелие от Матвея, 5:33-37; Послание Иакова, 5:12). Пока истина не сделает человека совершенным, его сердце может колебаться под влиянием собственных выгод и эмоций, поэтому ему трудно хранить однажды данную клятву. Вдобавок, временами, когда враг, дьявол и сатана, чинит препятствия и мешает верующему исполнить клятву, возникают причины для порицания верующих. Судите сами, такой вот крайний случай: предположим кто-то поклялся: «Я сделаю это и закончу завтра». Однако сегодня он внезапно скончался. Каким образом он сможет исполнить свою клятву?

По этой причине никогда не надо клясться, задумав совершить злое или даже доброе дело, а вместо этого необходимо молиться и просить сил у Бога. Рассмотрим другой пример: человек клянется, что будет неустанно молиться и обещает, что каждый день будет приходить на вечерние богослужения. Вместо этого, гораздо лучше, если бы его обращение к Богу звучало так: «Господи, помоги мне молиться ежедневно и сохрани меня от врага, дьявола и сатаны». Итак, если кто-то опрометчиво поклялся, то он должен раскаяться и принести Богу жертву повинности.

Если совершен грех при этих трех обстоятельствах, о которых говорилось выше, то такой человек «пусть принесет ГОСПОДУ за грех свой, которым он согрешил, жертву повинности из мелкого скота, овцу или козу, за грех, и очистит его священник от греха его» (Книга Левит, 5:6).

В данном стихе жертвоприношение за грех описывается вместе с пояснениями относительно жертвы повинности. Это потому, что грехи, за которые приносится жертва повинности, также требуют и жертвоприношения за грех. Жертва за грех, как было описано раньше, — это покаяние перед Богом в совершенном грехе и полное отвращение от данного греха. Мы уже говорили о том, что мало избавиться от греха, необходимо еще взять на себя ответственность за него. Аналогично и с жертвой повинности: раскаяние будет полным, когда человек возьмет на себя ответственность за причиненный ущерб и заплатит за него.

Учитывая эти обстоятельства, человек не только обязан

возместить нанесенный урон, но и принести Богу жертвы повинности и за грех, покаяться перед Ним. Если некий человек, совершил плохой поступок в отношении другого человека, то так как он сделал то, что не должен был делать, будучи Божьим дитем, он обязан покаяться в этом пред своим Небесным Отцом.

Предположим, что какой-то человек обманным путем завладел имуществом, которое принадлежало его сестре. Если брат раскаивается в этом, то ему придется разодрать свое сердце в покаянии перед Богом и избавиться от алчности и лживости. Он должен получить прощение у сестры, которую обидел. Он должен извиниться не только на словах, он еще обязан возместить все потери, которые его сестра понесла. В данном случае жертвой за грех этого человека будет покаяние перед Богом и отвращение от своих греховных путей. А чтобы принести жертву повинности, ему нужно раскаяться, попросить прощения у сестры и компенсировать все, что она потеряла.

Вы уже прочли в Книге Левит, 5:6, что Бог повелевает давать жертву за грех вместе с жертвой повинности. Это должны быть либо овца, либо коза. Читаем следующий стих. В нем говорится, что те, кто не может привести овцу или козу, пусть пожертвует двух горлиц или двух молодых голубей. Обратите внимание, птиц должно быть две. Одна будет жертвой за грех, вторая – жертвой повинности.

Почему Бог повелевает приносить жертву всесожжения в то же самое время, что и жертвоприношение за грех двумя горлицами или двумя молодыми голубями? Принести жертву всесожжения означает хранить в святости День Субботний.

В духовном понимании — это поклонение Богу во время воскресного богослужения. Таким образом, в давние времена две горлицы или два молодых голубя, принесенные в качестве жертвы за грех вместе с жертвой всесожжения, символизировали истинное покаяние, которое считалось полным при соблюдении Дня Господнего. Раскаяние можно назвать совершенным не только тот момент, когда человек осознал, что грешен, а тогда, когда он исповедует грехи и кается в храме Божьем в День Господень.

Бедным людям, которым горлицы или голуби не по карману, Бог велит принести в жертву за грех «десятую часть ефы пшеничной муки» (равняется примерно 22 литрам, или 5 галлонам). Как правило, предполагается, что жертвой за грех должно быть животное в качестве жертвоприношения прощения. Однако милосердный Бог дозволил беднякам, у которых нет животных, жертвовать муку, чтобы получить прощение грехов.

Между тем, существует разница между жертвой за грех с мукой и хлебной жертвой, которая также приносится с мукой. В хлебную жертву добавляют масло и благовония, чтобы сделать ее насыщенной и ароматной, в то время как жертва за грех приносится без благовоний и масла. Почему так? Предать огню искупительную жертву означает то же самое, что сжечь грех человека.

Тот факт, что не добавляется ни масло, ни благовония в муку, если посмотреть на это духовными глазами, говорит нам о том, что человек обязан прийти к Богу и покаяться. В Третьей книге

Царств, 21:27, говорится о царе Ахаве, который «разодрал одежды свои, и возложил на тело свое вретище, и постился, и спал во вретище, и ходил печально». Когда кто-то разрывает свое сердце в покаянии, он поступает должным образом, проявляя самообладание и смиряя себя. Человеку следует быть очень осторожным в том, что он произносит и какие пути выбирает для себя, чтобы показать Богу свое стремление жить в воздержании.

4) Согрешив против святынь или причинив ущерб братьям во Христе

В Книге Левит, 5:15-16, читаем: «Если кто сделает преступление и по ошибке согрешит против посвященного ГОСПОДУ, пусть за вину свою принесет ГОСПОДУ из стада овец овна без порока, по твоей оценке, серебряными сиклями по сиклю священному, в жертву повинности; за ту святыню, против которой он согрешил, пусть воздаст и прибавит к тому пятую долю, и отдаст сие священнику, и священник очистит его овном жертвы повинности, и прощено будет ему».

Под понятием «посвященного ГОСПОДУ» в данном контексте подразумевается Божье святилище и все, что там находится. Никто, ни священник, ни кто-либо еще, делающий жертвоприношения, не может брать, использовать, продавать ничего из того, что нераздельно связано с Богом и является священным. Более того, мы должны хранить в святости только те предметы, которые считаются «посвященными Господу», но также и само святилище. Святилище – это место, которое Бог отделил и которому дал Свое имя.

Ничего мирского, не имеющего отношения к истине, не должно присутствовать в святилище. Верующие родители должны объяснить детям, чтобы те не бегали, не играли, не шумели возбужденно, не мусорили и ничего не ломали в святилище.

Если посвященное Богу случайно будет повреждено, то человек повинный в этом должен заменить поврежденное другим, хорошим предметом, без дефекта. Кроме того, возмещая ущерб, надо будет добавить еще «пятую долю» от цены поврежденного предмета, которая станет жертвой повинности. Бог повелевает нам вести себя подобающим образом и владеть собой. Каждый раз, когда мы соприкасаемся со священными предметами, мы должны быть очень осторожными, сдержанными, чтобы не использовать их по назначению и не повредить то, что принадлежит Богу. Если ли же все-таки по неосторожности мы нанесли повреждение, то должны искренне покаяться в этом и возместить ущерб в размере, превышающем стоимость поврежденного предмета.

В Книге Левит, 6:2-5, мы находим, каким образом человек может получить прощение грехов: «если кто согрешит и сделает преступление пред Господом и запрется пред ближним своим в том, что ему поручено, или у него положено, или им похищено, или обманет ближнего своего, или найдет потерянное и запрется в том, и поклянется ложно в чем-нибудь». Такими должны быть действия человека, который сожалеет о своем плохом поступке, совершенном до того, как он пришел к Богу; ему следует покаяться и получить прощение, поняв, что он неосознанно завладел чужим.

Для того чтобы получить искупление таких грехов, необходимо вернуть не только то, что было взято, но и добавить «пятую долю» от цены взятой вещи. Это необязательно должно исчисляться в точных цифрах. На самом деле виновный должен показать своим поступком, что раскаивается от всего сердца. Тогда Бог простит ему грехи. Например, бывают такие времена, когда не все свои прошлые ошибки можно учесть и возместить нанесенный ущерб. При таких обстоятельствах все, что нужно сделать, это с момента осознания своего греха и в последствии своими поступками показать раскаяние. Заработанные деньги человек может усердно вкладывать в расширение Царства Божьего или же финансово поддерживать нуждающихся. Увидев эти покаянные действия, Бог примет его сердце и простит грехи.

Не забывайте, пожалуйста, что важнейшей составляющей жертвы повинности и жертвы за грех является покаяние. Бог не ожидает от нас упитанного тельца, Ему угоден наш «дух сокрушенный» (Псалом, 50:19). Итак, поклоняясь Богу, мы должны искренне отрешиться от грехов и зла и приносить соответствующие плоды. Надеюсь, что вы будете поклоняться Богу и давать пожертвования так, как это угодно Ему, и ваша жизнь как жертва живая будет принята Им – и вы всегда будете пребывать в Его любви и благословениях.

Глава 8

Представьте тела ваши в жертву живую и святую

«Итак умоляю вас, братия, милосердием Божиим, представьте тела ваши в жертву живую, святую, благоугодную Богу, для разумного служения вашего».

К Римлянам, 12:1

1. Тысячи всесожжений Соломона и благословения

Соломон взошел на трон в возрасте 20 лет. С юных лет его воспитателем был пророк Нафан. Соломон любил Бога и соблюдал законы своего отца, царя Давида. Взойдя на престол, Соломон принес тысячу жертв всесожжения Богу.

Нельзя сказать, что это было легкое дело совершить тысячу жертвоприношений всесожжения. В Ветхом Завете существует множество ограничений относительно того, где совершать жертвоприношение, когда, что приносить в жертву, каким способом. Более того, царь Соломон, в отличие от обычных людей, нуждался в большей территории для жертвоприношения, так как его сопровождало множество людей и он совершал крупные жертвоприношениях. Во Второй книге Паралипоменон, 1:2-3, говорится: «И приказал Соломон собраться всему Израилю: тысяченачальникам и стоначальникам, и судьям, и всем начальствующим во всем Израиле – главам поколений. И пошли Соломон и все собрание с ним на высоту, что в Гаваоне, ибо там была Божия скиния собрания, которую устроил Моисей, раб ГОСПОДЕНЬ, в пустыне». И пришел Соломон в Гаваон, где находилась построенная Моисеем Божия скиния собрания.

И вошел Соломон туда вместе со всем собранием, «и там пред лицем ГОСПОДА, на медном жертвеннике, который пред скиниею собрания, вознес Соломон тысячу всесожжений». Как уже говорилось ранее, жертва всесожжения – это благоухание, приятное Богу, от предания огню жертвенного животного, что является символом полной отдачи своей жизни Господу и примирения с Ним.

В ту ночь Бог явился во сне Соломону и спросил его: «Проси, что Мне дать тебе» (Вторая книга Паралипоменон, 1:7). И ответил Соломон: «Ты сотворил Давиду, отцу моему, великую милость и поставил меня царем вместо него. Да исполнится же, ГОСПОДИ Боже, слово Твое к Давиду, отцу моему. Так как Ты воцарил меня над народом многочисленным, как прах земной, то ныне дай мне премудрость и знание, чтобы я умел выходить пред народом сим и входить, ибо кто может управлять сим народом Твоим великим?» (Вторая книга Паралипоменон, 1:8-10).

Не просил Соломон ни богатства, ни имения, ни славы, ни жизни своих врагов, ни долголетия себе. Попросил он только мудрости и знаний, чтобы управлять своим народом. Богу понравился ответ Соломона, поэтому дал Он ему не только мудрость и знания, о которых тот просил, но и имения, и богатство, и славу, о чем царь Его даже не просил.

Сказал Бог Соломону: «Премудрость и знание дается тебе, а богатство и имение и славу Я дам тебе такие, подобных которым не бывало у царей прежде тебя и не будет после тебя» (стих 12).

Когда мы поклоняемся Богу в духе, так как это угодно Ему, то Он благословит нас, чтобы мы здравствовали и преуспевали во всех наших делах так же, как преуспевает наша душа.

2. От эпохи скинии до эпохи храма

После того как царь Давид, отец Соломона, закончил строительство объединенного стабильного государства, единственное, что тревожило его, это не построенный храм. Давида удручало то, что Ковчег Завета находился в скинии за завесой, в то время как сам он жил во дворце, построенном с использованием древесины кедров, поэтому он решил воздвигнуть храм. Однако Бог не дал ему на то разрешения, потому что Давид пролил много крови в сражениях и совсем не подходил для такого дела, как строительство священного храма.

«Но было ко мне слово ГОСПОДНЕ, и сказано: "ты пролил много крови и вел большие войны; ты не должен строить дома имени Моему, потому что пролил много крови на землю пред лицем Моим» (1-я кн. Паралипоменон, 22:8).

«Но Бог сказал мне: не строй дома имени Моему, потому что ты человек воинственный и проливал кровь» (1-я кн. Паралипоменон, 28:3).

Несмотря на то, что мечта о постройке храме была невыполнима, царь Давид ни разу не ослушался Слова Божьего. В то же время он подготовил все необходимые материалы: золото, серебро, бронзу, драгоценные камни, древесину кедров, чтобы следующий царь, его сын Соломон, смог воздвигнуть храм.

На четвертом году царствования Соломон, по Божьей воле, начал строительство храма. Заложен храм был на горе Мориа в Иерусалиме и строили его семь лет. Храм был построен через

480 лет после того, как народ Израиля покинул Египет. Соломон перенес Ковчег Завета и все остальные священные предметы в храм.

Когда священники принесли Ковчег Завета в Святая Святых, храм заполнился Божьей славой настолько, что «не могли священники стоять на служении, по причине облака, ибо слава Господня наполнила храм ГОСПОДЕНЬ» (3-я кн. Царств, 8:11).

Соломон в своей молитве посвящения храма Богу умолял Его простить Свой народ, когда они, придя в храм, в горячей молитве обратятся к Нему после того, как несчастья поразят их из-за греховности.

«Услышь моление раба Твоего и народа Твоего Израиля, когда они будут молиться на месте сем; услышь на месте обитания Твоего, на небесах, услышь и помилуй» (3-я кн. Царств, 8:30).

Царь Соломон прекрасно понимал, что постройкой храма угодил Богу и получил от Него благословения, он смело просил Бога о своих людях. И ответил Бог:

«Я услышал молитву твою и прошение твое, о чем ты просил Меня. Я освятил сей храм, который ты построил, чтобы пребывать имени Моему там вовек; и будут очи Мои и сердце Мое там во все дни» (3-я кн. Царств, 9:3).

Так и в наши дни, если кто-то будет поклоняться Богу от

всего сердца, от всей души и с предельной искренностью в святом святилище, где пребывает Бог, то Он его встретит и ответит на все сердечные помыслы.

3. Плотское поклонение и духовное поклонение

Из Библии мы знаем, что существуют поклонения, которые Бог не приемлет. В зависимости от того, с каким сердцем поклоняются люди, поклонение бывает духовным, которые приемлет Бог, и плотским, которое Боге не приемлет.

Адам и Ева были изгнаны из Эдемского сада за непослушание. В четвертой главе Книги Бытия читаем об их двух сыновьях. Старшего звали Каин, а младшего – Авель. Когда они повзрослели, каждый из них принес Богу пожертвование. Каин был земледельцем – и принес «от плодов земли» (стих 3), в то время как Авель «принес от первородных стада своего и от тука их» (стих 4). Бог призрел «на Авеля и на дар его, а на Каина и на дар его не призрел. Каин сильно огорчился, и поникло лице его» (стихи 4-5).

Почему Бог не принял приношений Каина? В Послании К Евреям, 9:22, читаем о том, что приношение Богу должно быть приношением с кровью, так как по духовному закону только таким путем будут прощены грехи. Именно по этой причине во времена Ветхого Завета, в жертву приносились такие животные, как телец или овца, а в Новозаветные времена Иисус, Агнец Божий, стал искупительной жертвой, проливший Свою кровь.

Кроме того в Послании к Евреям, 11:4, говорится: «Верою Авель принес Богу жертву лучшую, нежели Каин; ею получил свидетельство, что он праведен, как засвидетельствовал Бог о дарах его; ею он и по смерти говорит еще». Иными словами, Бог принял жертву Авеля, которая была жертвоприношением с кровью, согласно Его воле, а вот жертва Каина не соответствовала воле Божьей и была отвергнута.

В Книге Левит, 10:1-2, рассказывается о Надаве и Авиуде, которые «принесли пред ГОСПОДА огонь чуждый, которого Он не велел им», и тогда «вышел огонь от ГОСПОДА», и они были сожжены. А в 13-й главе 1-й книги Царств мы можем прочесть о том, как Бог отступился от царя Саула, когда тот согрешил, взяв на себя обязанности пророка Самуила. Перед битвой с филистимлянами Царь Саул совершил жертвоприношение Богу, не дождавшись прихода пророка Самуила. В свое оправдание царь Саул сказал пророку Самуилу, что не хотел этого делать, но не мог ждать, потому что воины стали разбегаться. В ответ Самуил упрекнул Саула: «худо поступил ты» и сообщил царю, что Бог отступается от него.

В книге пророка Малахии, 1:6-10, Бог обличает сынов Израилев за то, что их жертвоприношения были не лучшими, они приносили то, что считали негодным для себя. Бог уточнил, что не приемлет формального поклонения лишенных сердца людей. В сегодняшнем понимании это означает, что Бог не принимает плотского поклонения.

По этому поводу в Евангелии от Иоанна, 4:23-24, мы читаем

о том, что Бог ищет таких поклонников, которые поклоняются Ему в духе и истине, и Он благословляет тех, кто исполняет закон справедливости, милосердия и остается верным Ему. А в Евангелии от Матвея, 15:7-9 и 23:13-18, говорится о том, как Иисус укоряет фарисеев и книжников за то, что они придерживаются исключительно человеческих заповедей, сердца же их не принадлежат Богу. Поклонение, совершаемое самовольно, Бог не принимает.

Итак, поклонение должно быть только в полном соответствии с теми законами, которые установлены Богом. Совершенно очевидно, что этим христианство отличается от других религий, приверженцы которых культивируют поклонение для удовлетворения собственных нужд и в той манере, которая нравится им самим. Плотское поклонение бессмысленно, потому что человек заходит в святилище и просто присутствует на богослужении. Тогда как духовное богослужение — это высшая степень проявления восторга, который исходит из глубины сердца. Тогда участие в богослужении проходит в духе и истине, с любовью Божьих детей к своему Небесному Отцу. Именно поэтому, если два человека поклоняются в одно и то же время, в одном и том же месте, Бог может принять поклонение одного человека, а поклонение другого – нет. И даже при том, что человек пришел во святилище, никакого смысла в этом не будет, если Бог скажет: «Я не принимаю твое поклонение».

4. Представьте тела ваши в жертву живую и святую

Если смысл нашего существования – прославление Бога, то в поклонении мы должны сосредоточиться на своей жизни, на нашем отношении к поклонению Ему. Жизнь и святая, угодная Богу, жертва, поклонение в духе и истине достигаются не одним лишь присутствием на воскресном богослужении раз в неделю, при том, что в другие дни, с понедельника по субботу, мы продолжаем жить, как сами считаем нужным. Мы призваны поклоняться Богу всегда и везде.

Посещением церкви для поклонения мы даем больше места для поклонения в своей жизни. Истинное поклонение невозможно разделить на воскресное и будничное, жизнь верующего должна быть полностью посвящена духовному поклонению Богу. Таким образом, мы не должны посвящать Богу только лишь прекрасные воскресные богослужения в святилище по всем правилами. Наша жизнь должна быть святой и безупречной, мы должны проявлять послушание всем Божьим законам каждый день.

В Послании к Римлянам, 12:1, апостол Павел писал: «Итак умоляю вас, братия, милосердием Божиим, представьте тела ваши в жертву живую, святую, благоугодную Богу, для разумного служения вашего». Так же, как Иисус спас человечество, принеся в жертву Свое тело, так и от нас Бог ждет, что мы принесем наши тела в жертву живую и святую.

И еще: каждый из нас – это видимый храм, так как Святой Дух, Который един с Богом, обитает в наших сердцах, каждый из нас также является храмом Божьим (1-е послание к Коринфянам,

6:19-20). Следуя истине, мы должны обновляться каждый день и стремиться стать святыми. Если наши сердца наполнятся Словом, молитвой и хвалой, если мы будем делать все, поклоняясь Богу, то мы отдадим Ему наши тела в жертву живую и святую, которая угодна ему.

«До встречи с Богом я был сломлен болезнями. Много дней я провел в безысходном отчаянье. В результате семи лет, проведенных в постели, у меня образовались громадные долги за госпиталь и лекарства. Я был беден. Все изменилось, когда я встретил Бога. Моя жизнь началась заново, после того, как Бог исцелил меня.

Переполненный Его благодатью, я полюбил Бога превыше всего. В День Господень я просыпался на заре, принимал душ, надевал чистое белье. Я никогда не надевал носки, если был в них накануне. А также я надевал чистую и опрятную одежду.

Я не говорю о том, что одежда верующих, в которой они приходят на богослужение, должна быть шикарной. Но, если это истинно верующий и он любит Бога, для он вполне естественно будет готовиться к тому, чтобы прийти в присутствие всемогущего Бога. Даже если в силу разных обстоятельств у него не найдется определенной одежды, все равно он может привести в порядок свой внешний вид так, чтобы выглядеть наилучшим образом.

То же самое касается и денег, я всегда делал пожертвование только новыми купюрами, которые каждый раз сберегал для церкви. Я никогда не трогал денег, которые отложил на пожертвование, даже в самых крайних случаях. Мы с вами знаем о том, что еще во времена Ветхого Завета, для каждого отдельного человека, который должен был прийти к священнику, существовали свои правила жертвоприношения. Они учитывали его конкретные обстоятельства. В этой связи в Книге Исход, 34:20, говорится следующее: «Пусть не являются пред лице Мое с пустыми руками».

От одного ривайвелиста я услышал однажды, что всегда должен быть уверен в том, что у меня есть пожертвование, много ли, мало ли, но на каждое богослужение. Мы с женой ни разу не поскупились, делая пожертвования, хотя порой нашего заработка с трудом хватало на проценты за долг, который мы выплачивали. Подумайте, можно ли сожалеть о сделанных пожертвованиях, которые шли на спасение душ, расширение Царства Божьего, на то, чтобы свершилась Его справедливость?

Тогда, видя нашу преданность, Бог благословил нас, и мы выплатили громадный долг. После этого я начал молиться о том, чтобы Бог сделал меня хорошим старейшиной, который мог бы финансово помогать беднякам, поддерживать сирот, вдов и больных. Неожиданным образом Бог призвал меня стать пастором и позволил возглавить огромную церковь, которая спасла бесчисленное количество человеческих душ. Несмотря на то, что я не стал старейшиной, тем не менее я могу помочь большому количеству людей, и дарованной мне Божьей силой могу исцелять больных. И то и другое гораздо больше того, о чем я молился.

5. «Доколе не изобразится в вас Христос!»

Родители упорным трудом, иногда на пределе своих возможностей, растят и воспитывают детей со дня их рождения, они делают это без принуждения, шаг за шагом, терпеливо, иногда жертвенно, заботятся и направляют детские души к истине. В Послании к Галатам, 4:19, апостол Павел признается: «Дети мои, для которых я снова в муках рождения, доколе не изобразится в вас Христос!».

Я всегда использую любую возможность, чтобы привести каждую человеческую душу на путь спасения и в Новый Иерусалим, ведь именно этого хочет Бог, который ценит душу любого из нас более всего, что есть во вселенной, и желает, чтобы спаслась каждая душа. Я молюсь и готовлю проповеди, используя каждую возможность, чтобы каждого прихожанина поднять на уровень, когда он преобразится «в мужа совершенного, в меру полного возраста Христова» (Послание к Ефесянам, 4:13). Мне очень нравится быть вместе с прихожанами церкви и проводить с ними время в радостном общении, но как пастырь, который несет ответственность за свою паству, я сдержан во всем и стараюсь выполнить миссию, возложенную на меня Богом.

Для каждого верующего у меня есть два пожелания. Первое, я хотел бы, чтобы многие верующие не только получили спасение, но и обитали в Новом Иерусалиме, в одном из самых дивных мест на Небесах. Второе, я бы очень хотел, чтобы верующие не жили в бедности, чтобы они процветали. Так как в нашей церкви началось пробуждение, она наполнилась большим количеством людей, которым была оказана финансовая помощь и которые получили исцеление от болезней. В мирском понимании это нелегкая задача учесть и восполнить нужды каждого члена церкви.

Когда верующие грешат, я испытываю тяжелейшее бремя. Я понимаю, что грешники отдаляют себя от Нового Иерусалима, а в совсем тяжелых случаях могут не получить спасение. Как мы уже говорили, только тот верующий, который разрушит стену греха между собой и Богом, сможет получить ответы, духовное и физическое исцеление. Ходатайствуя за верующих, которые согрешили, я не мог спать, боролся с судорогами, плакал и терял энергию бесчисленное количество раз, проводя множество часов и дней в посте и молитве.

Принимая эту жертву множество раз Бог проявлял Свою милость людям, даже к тем, кто ранее не был достоин спасения, посылая им дух покаяния, чтобы они могли раскаяться и получить спасение. Широко раскрывая двери для спасения, Бог позволяет многим людям во всем мире войти и услышать Евангелие Святости, а также ощутить Его силу.

Когда я наблюдаю, как верующие возрастают в истине, для меня как для пастора это – награда. Следуя за нашим непорочным Господом, Который отдал Себя в жертву благоуханную (Послание к Ефесянам, 5:2), я отдаю всю жизнь в жертву живую и святую Богу, ради расширения Его царства и спасения душ.

Трудно найти счастливее родителей, чем те, которых чтят и благодарят их дети, поздравляя их в День отца и в День матери («Родительский день» в Корее). Случается, что родителям не всегда нравится то, что им дарят и говорят, и тем не менее они радуются, потому что это их дети. Во многом это схоже с тем, как Божьи дети делают приношения своему Отцу, поклоняясь Ему с величайшей любовью, и их Небесный Отец в ответ радуется и благословляет их.

Безусловно, верующий человек не должен жить в слепоте всю неделю, и только по воскресеньям демонстрировать свою преданность Богу. Иисус в Евангелии от Луки, 10:27, говорит нам, что каждый верующий должен любить Бога всем сердцем, всею душою, всею крепостью своею и всем своим разумением, и отдавать себя в жертву живую и святую ежедневно. Поклоняясь Богу в духе и истине, вознося Ему благоухание своего сердца, пусть каждый читатель насладится обилием Божьих благословений, которые были приготовлены для него.

Автор
д-р Джей Рок Ли

Д-р Джей Рок Ли родился в 1943 году в городе Муан, в провинции Джэоннам Корейской Республики. С двадцати четырех лет д-р Ли страдал от различных неизлечимых заболеваний и в течение семи лет ждал смерти, без всякой надежды на исцеление. Но однажды, весной 1974 года, сестра привела его в церковь, где он упал на колени и молился, и Живой Бог мгновенно исцелил его от всех болезней.

С той минуты, как д-р Ли встретился с Живым Богом, он искренне возлюбил Его всем сердцем, и в 1978 году он был призван на служение Богу. Он усердно молился, чтобы ясно уразуметь волю Божью, полностью исполнить ее и повиноваться всякому слову Божьему. В 1982 году он основал Центральную церковь «Манмин» в городе Сеуле (Корея), и с момента бесчисленные дела Божьи, включая чудесные исцеления и знамения Божьи, были явлены в этой церкви.

В 1986 году д-р Ли был рукоположен в пасторы на ежегодной Ассамблее Корейской церкви Христа в Сингкуоле, а спустя ещё четыре года, в 1990 году, его проповеди начали транслироваться в Австралии, России и на Филиппинах. За короткое время, благодаря трансляциям «Дальневосточной вещательной компании», «Азиатской вещательной компании» и Вашингтонской христианской радиостанции, к ним присоединились и многие другие страны.

Через три года, в 1993 году, журнал «Christian World» (США) внес Центральную церковь «Манмин» в список пятидесяти лучших церквей мира; колледж Христианской веры в штате Флорида (США) присвоил д-ру Ли степень почетного доктора богословия; а в 1996 году Теологическая семинария Кингсвэй (штат Айова, США) присвоила ему степень доктора.

С 1993 года д-р Ли проводил евангелизационные служения во время зарубежных крусейдов в Танзании, Аргентине, в США (в Лос-Анджелесе, Балтиморе, Нью-Йорке и на Гавайях), а также в Уганде, Японии, Пакистане, Кении, на Филиппинах, в Гондурасе, Индии, России, Германии и Перу, в Демократической Республике Конго, Израиле и Эстонии.

В 2002 году ведущие христианские газеты Кореи назвали его деятелем духовного возрождения мирового масштаба, отметив его мощное служение в ходе проведения многих зарубежных крусейдов. В частности, в 2006 году крусейд с его участием прошел на самой известной в мире арене – в «Медисон-Сквер-Гарден». Это событие транслировалось на 220 стран. А Израильский объединенный крусейд 2009 года прошел в Международном центре конвенций в Иерусалиме, и на нем д-р Ли смело провозгласил Иисуса Христа Мессией и Спасителем.

Его проповеди транслируются на 176 стран с помощью спутниковых каналов вещания, в частности GCN TV. Популярный христианский журнал In Victory, издаваемый на русском языке, и новостное агентство Christian Telegraph включили д-ра Ли в список 10 самых влиятельных христианских лидеров 2009-го и 2010 годов за его мощное телевещательное служение и церковно-пасторское служение за рубежом.

По данным на начало 2012 года, членами Центральной церкви «Манмин» являются более 120 000 человек. По всему миру, как в Корее, так и за ее пределами, было основано более 10 000 филиалов церкви; в данное время более 130 миссионеров церкви работают в 23 странах, включая США, Россию, Германию, Канаду, Японию, Китай, Францию, Индию, Кению и многие другие.

На момент публикации этой книги д-р Ли написал более 60 книг, включая такие бестселлеры, как «Откровения о вечной жизни в преддверии смерти», «Моя жизнь, моя вера» (I и II), «Слово о Кресте», «Мера веры», «Небеса» (I и II), «Ад», «Пробудись, Израиль!» и «Сила Божья». Его книги были переведены на 74 языка.

Его статьи на тему христианской веры публиковались в следующих периодических изданиях: The Hankook Ilbo, The JoongAng Daily, The Chosun Ilbo, The Dong-A Ilbo, The Munhwa Ilbo, The Seoul Shinmun, The Kyunghyang Shinmun, The Korea Economic Daily, The Korea Herald, The Shisa News и The Christian Press.

В настоящее время д-р Ли возглавляет многие миссионерские организации и ассоциации. Он, в частности, является главой правления Объединенной церкви святости Иисуса Христа, президентом Международной миссионерской организации «Манмин», основателем и председателем правлений «Глобальной христианской сети» (GCN), «Всемирной сети врачей-христиан» (WCDN), Международной семинарии Манмин (MIS).

Другие, наиболее яркие книги, написанные этим автором

Небеса I и II

Красочное и подробное описание прекрасных обителей, где блаженствуют граждане Небес, и превосходное разъяснение различных уровней Небесных царств.

Слово о Кресте

Действенная пробуждающая проповедь для всех, кто пребывает в духовном сне. Прочтя эту книгу, вы узнаете, почему Иисус является единственным Спасителем и истинной любовью Бога.

Ад

Бог искренен в своем послании человечеству, так как желает, чтобы ни единая душа не оказалась в бездне ада! Вы узнаете о чудовищной жестокости Нижней могилы и ада.

Откровения о вечной жизни в преддверии смерти

Воспоминания-исповедь преподобного д-ра Джей Рока Ли, рассказ о рождении свыше, спасении и жизни человека, ведущего христианскую жизнь, достойную подражания.

Мера веры

Какие небесные обители, венцы и награды уготованы нам на Небесах? Эта книга станет для читателя источником мудрости и руководством для определения меры своей веры и роста в в ней.

Пробудись, Израиль!

Почему Бог держит Израиль в поле своего зрения от начала мира и по сей день? Каково провидение последних дней, уготованное Богом для Израиля, ожидающего Мессию?

Моя жизнь, моя вера I и II

Автобиография д-ра Джей Рока Ли - это подарок для читателей, насыщенный благоуханными духовными ароматами, полученными в течение жизни благодаря любви Божьей, которая расцвела в период темной жизненной полосы, тяжелого бремени и глубокого отчаяния.

Сила Божья

Книга, которую необходимо прочитать, дает важные наставления о том, как обрести истинную веру и испытать чудесную силу Божью.

www.urimbook.com

www.ingramcontent.com/pod-product-compliance
Lightning Source LLC
LaVergne TN
LVHW021827060526
838201LV00058B/3540